华夏国学经典
全本全注全译丛书

老子

冯国超◎译注

华夏出版社
HUAXIA PUBLISHING HOUSE

前　言

《老子》又名《道德经》,是道家学派的开创之作。关于《老子》的作者与成书情况,《史记·老子韩非列传》中有这样的记载:"老子者,楚苦县厉乡曲仁里人,姓李氏,名耳,字聃(dān),周守藏室之史也。孔子适周,将问礼于老子。……老子修道德,其学以自隐无名为务。居周久之,见周之衰,乃遂去。至关,关令尹喜曰:'子将隐矣,强为我著书。'于是老子乃著书上下篇,言道德之意五千言而去,莫知其所终。"据此可知:《老子》一书的作者即老子,姓李名耳,字聃;老子与孔子生活在同一时代,都属春秋末期,则《老子》一书应成于春秋末期。

然而,对于《史记》中的说法,学界一直存在不同意见。首先是关于《老子》的成书年代,或认为成书于战国中期,或认为成书于战国末期;其次是关于《老子》的作者,或认为是太史儋(dān),或认为是老聃而非李聃,或认为非成于一人一时,而是由不同的人历经不同时代编写而成;等等。我认为,关于《老子》的作者及成书年代,由于缺乏强有力的证据,目前尚难下定论。但是,综合各家论述及最新的考古发掘成果,较为公允的说法应该是:《老子》的作者是春秋末期的老聃,写成后或有一些学者对之加以修订或增补,最终成书流传当不会晚于战国中期。

《老子》虽然只有区区五千字,然而其包含的思想却是非常丰富的,从神秘恍惚的大道,到对立统一的规律,无为而治的治国之道,哀兵必胜的用兵要诀,守柔处雌的处世原则,俭啬寡欲的养生方法,等等,涵盖极其广泛,为人们认识世界以及治国、处世等提供了系统而严密的理论。下面择要予以介绍。

一、道是天地万物的根源和主宰

老子思想的核心是道,道家之所以称为道家,就是因为它以道为核心。那么道又是什么呢?老子说,道空虚无形,看不见摸不着;它没有形体,没有声音;既看不见它的脑袋,又看不见它的后背;它恍恍惚惚,似有若无,似无若有。这样一种道无疑是十分神秘的,所以老子明确地说:"道可道,非常道。"即道是不可言说和命名的,因为当你对它进行言说和命名时,你所说的道就不是那个真正的道本身了。

道虽然看不见摸不着,而且不可言说和命名,但是老子说,我们不能因此否定道的存在,因为道的作用是客观存在的,天下万物之所以秩序井然,就是因为道在发挥着作用。不仅如此,连天地万物都是从道产生出来的:"道生一,一生二,二生三,三生万物。"(四十二章)意即道首先产生一个元始的混沌体,由这个混沌体产生阴和阳,由阴和阳产生天地,由天地再产生万物。既然如此,道当然就是天地万物的根源和主宰了。

老子认为,作为万物主宰的道,具有诸多特性,如道很大,大到不像任何具体的东西;道广泛流行,无处不在;道长养万物,却从不居功;道质朴无形,天下没有什么东西能让它臣服;道以自然为原则,它自然而然地使天下的一切井井有条,正如天地间降下甘霖(lín),分布极其均匀,却没有谁去下达命令一样。

二、人与道的关系

道是天地万物的创造者,人当然也不例外,也是道创造的,所以人也要受道的支配。但是老子说,人不同于普通的物,人是"域中四大"之一:"故道大,天大,地大,人亦大。域中有四大,而人居其一焉。"(二十五章)作为"域中四大"之一的人,有一个重要的特点,就是可以通过对道的追求而获得道。如第五十二章中说:"天下有始,以为天下母。既得其母,以知其子"。这里的"得其母",即获得对道的认知的意思。还有如第六十二章中说:"古之所以贵此道者何?不曰:求以得,有罪以免邪?"意即古代重视此道的原因是什么?不正是因为求它就可以得到,有罪也可以免除吗?

然而,道是恍恍惚惚,似有若无的,它不像我们面前的具体事物,可以通过感官去感知,那么此道又该如何去认识、去获得呢?老子在第四十八章中明确地说:"为学日益,为道日损。损之又损,以至于无为。"意即追求学问,知识会一天天增加;追求对大道的体悟,需要不断减少自己的欲望。等到欲望减少至极端时,你就会达到对大道的体悟。也就是说,减少欲望,是认识道的根本途径。

至于减少欲望的方法,老子也有具体的论述,如第十章中说:"涤除玄览,能无疵(cī)乎?"即排除内心的杂念,能没有瑕疵吗?第十六章中说:"致虚极,守静笃。"即到达极其虚寂的境界,持守清静进入极度安静的状态。第五十六章中说:"塞其兑,闭其门,挫其锐,解其纷,和其光,同其尘,是谓玄同。"即堵塞嗜欲的孔窍,关闭与外物交流的门径,摧折锋芒,消解纷争,收敛光芒,混同于世俗之中,这叫作玄妙同一的境界。综合以上论述,可以发现,老子所谓减少欲望以体悟大道的方法与庄子所说的"坐忘"十分相似,因为"坐忘"即调整好自己的身体姿势,放松自己的身体,不受外物的干扰,让大脑进入无思无虑的状态,在一种特殊的精神境界中,去体悟那生命的本真和神秘莫测的宇宙的本质。于是有学者指出,老子之所以以道为天地万物的本质,就是因为他通过上述特殊的修身之术,在入静的状态下,体悟到了那个恍兮惚兮的大道。虽然有不少学者不愿意从这个角度来解读老子关于认识道的方法,但不可否认的是,后世的气功、静功修炼等的理论和方法,都是直接继承了老子的上述论述。

而且值得我们注意的是,老子还向我们具体描绘了得道之人的状态。如在第十五章中,老子说,古代善于行道的人,精妙神奇,通幽达微,高深得令人难以认识;他谨慎小心,庄重恭敬,松散融和,淳厚质朴,像深谷一样空虚宽阔,又像混浊的水一样混沌不清。此外,得道之人还具有普通人难以想象的神通:"陆行不遇兕(sì)虎,入军不被甲兵……夫何故?以其无死地。"(五十章)"含德之厚,比于赤子。蜂虿(chài)虺(huǐ)蛇不螫(zhē),猛兽不据,攫(jué)鸟不搏。"(五十五章)由此可见,得道之人神通广大,竟然没有什么东西能够伤害他们。这样的人在现实生活中谁也没有见过,然而,老子认为,那些真正得道的人便能达到这种境界。老子的这一思想为以后的道教所继承,成为道教神仙的重要内容。

三、无为而治的治国思想

老子指出,认识道的目的是用道来指导人们的行动。前面已经提到,道的特性是以自然为原则,它不有意作为而使天下井井有条;道长养万物,却从不居功;等等。把道的这些特性运用到治理国家的问题上,便很自然地要求统治者实行无为而治的原则。正如第三十二章中所说:"道常无名、朴","天地相合,以降甘露,民莫之令而自均","侯王若能守之,万物将自宾"。意即道质朴无形,它自然而然地使天下均平,作为统治者,只有效法道的这一特性,不强作强为,才能使民众自动服从。第三十七章中则更明确地说:"道常无为而无不为。侯王若能守之,万物将自化。"意即道永远看上去无所作为,却没有什么不是它所为。侯王如果能持守它,万物将自己生长变化。

所谓"无为",即无所作为,但它的真实意思并非什么都不做,而是一切顺自然而为,不任意妄为。关于无为而治的内容,老子有很多论述。如第三章中说:"不尚贤,使民不争;不贵难得之货,使民不为盗;不见可欲,使民心不乱。……为无为,则无不治。"明确地把"不尚贤""不贵难得之货""不见可欲"作为无为的内容。第十七章中则把悠闲自在、不轻易说话作为无为的内容:"悠兮其贵言。功成事遂,百姓皆谓我自然。"第二十九章中进一步说:"是以圣人去甚,去奢,去泰。"即统治者要去除过分、奢侈和骄纵,一切顺其自然,让民众在自由的环境中,去过无拘无束的生活。

老子对无为而治的必要性和好处也作出了系统的论述。如在第五十七章中,老子以历史和现实的经验为依据,指出,统治者越是有为,制定的法律制度越详细,发明的技能智巧越多,天下就越是混乱,老百姓就越贫穷,盗贼也越来越多。既然如此,又为什么要费心去"有为"呢?在第六十章中,老子则以"烹小鲜"的例子来说明无为而治的必要性。所谓"烹小鲜"即煎小鱼,根据日常生活的经验,煎小鱼时切忌频繁翻动,因为这会导致小鱼都变为散末。老子以此作喻,指出治理一个大的国家就像煎小鱼一样,如果统治者用政令频繁地扰民,便会使人心散失,整个国家缺乏凝聚力。所以,最好的办法便是实行无为而治。

正是基于这样的认识,老子对统治者的有为、妄为政策作出了猛烈的抨击:"大道废,有仁义;智慧出,有大伪;六亲不和,有孝慈;国家昏乱,有忠臣。"(十八章)"绝圣弃智,民利百倍;绝仁弃义,民复孝慈;绝巧弃利,盗贼无有。"(十九章)"夫礼者,忠信之薄,而乱之首。"(三十八章)在普通人看来,仁义、智慧、孝慈、礼仪、忠诚等无疑是充满正能量的东西,是一个社会需要大力提倡的核心价值观。然而,老子却认为,这些东西都是大道废弃、社会秩序发生混乱以后的产物,在一个以道为原则的社会中,是不需要这些东西的,统治者运用这些东西来治国,正是违背无为之道的有为而治。

老子的观察无疑是犀利的,因为事实正如他所说,人们之所以提倡孝慈,是因为六亲不和;社会上之所以有高明的骗术,是因为人们鼓励运用智慧;人们之所以称某人为忠臣,也是因为政治混乱,乱臣贼子众多。但是老子无疑又过于理想化了:一个不需要仁义、孝慈、忠诚等价值观,却同时又能秩序井然的社会,在人类的历史上没有出现过,在现实中不存在,在将来也很难出现。

四、对立面互相依存和转化的思想

老子思想的一个重要特点,就是充满辩证思维。所谓辩证思维,即用发展变化的观点看待问题,而且认为发展变化的根源在于事物中对立的矛盾双方的相互依赖和转化。在《老子》一书中,列举了许多对矛盾,如美与丑、善与恶、高与低、难与易、盈与虚、直与屈、巧与拙、祸与福、怨与德等等,并对它们的特点作出了具体的分析。首先指出它们是对立面的统一体,如果失去了一方,另一方也就不再存在。正如美是相对于丑而言的,如果没有了丑,也就没有了美;同样,易也是相对于难而言的,世界上如果没有难做的事,当然也就说不上有容易做的事。其次是指出对立的双方不是一成不变的,它们之间会相互转化,如第五十八章中说:"祸兮,福之所倚;福兮,祸之所伏。……正复为奇,善复为妖。"这种祸福不断转化的思想,是老子辩证法思想的典型代表。

在老子的辩证法思想中,特别值得我们注意的是揭示了事物发展中的一种特殊的现象:当事物发展到某种极致的时候,往往会显示出与该事物对立的性质。如第四十一章中说:"明道若昧,进道若退, 夷道若颣(lèi);上德若谷,大白若辱,广德若不足,建德若偷,质真若渝",第四十五章中说:"大成若缺,其用不弊。大盈若冲,其用不穷。大直若屈,大巧若拙,大辩若讷(nè)。"最灵巧的东西好像十分笨拙,最雄辩的人说话好像十分迟钝,最充盈的东西好像十分空虚,最有德的人看上去十分谦卑……值得注意的是,这里的笨拙、迟钝、空虚等等都是表面现象,我们必须透过此表面现象,才能把握事物的实质。这些道理,对于我们在生活和工作中避免短视行为,取得真正的成功,具有重要的指导意义。

五、守柔处雌的处世哲学

基于对大道无为、自然、不居功等特征的把握,老子提出了内容极其丰富的处世思想,诸如无为无执、功成身退、自知自胜、慎终如始、知足知止、宠辱若惊,等等,都是对社会生活经验的深刻总结,迄今仍有很好的指导意义。不过,其中最值得我们注意的则是老子关于守柔处雌的思想。

所谓守柔处雌,即执守柔弱,甘于雌伏。在刚强和柔弱、雄起和雌伏、荣耀和屈辱之间,人们通常都会选择刚强、雄起和荣耀,然而老子却告诉我们,这样的选择是不高明的,真正高明的选择,应该是选择柔弱、雌伏和屈辱。为了说明其中的道理,老子在第七十六章中作了这样的论证:"人之生也柔弱,其死也坚强;草木之生也柔脆,其死也枯槁。故坚强者死之徒,柔弱者生之徒。是以兵强则不胜,木强则折。"意即柔弱与生命、活属于同类,坚强则与死亡属于同类。如人和草木活着时都是柔韧的,死了以后便变得僵硬枯槁。而且坚强的东西容易遭受攻击和失败,如军队逞强便会被对手击败,树木过于高大就会被风摧折,这不正好说明刚强不如柔弱吗? 而在第七十八章中,老子又以水为例,来说明柔弱比刚强好的道理:"天下莫柔弱于水,而攻坚强者莫之能胜"。事实正是如此,水无形无体,柔弱无比,然而滴水可以穿石,洪水可以冲毁道路房屋,这不是典型的柔弱比刚强厉害吗?所以老子明确说:"柔弱胜刚强。"(三十六章)甚至认为柔弱正是道发挥作用的特征:"弱者,道之用。"(四十章)因为按照老子的观点,道的作用是无为而无不为,即看上去无所作为,实际上却一切都是它所为。道发挥作用的这一特征,老子用"弱"即柔弱来表示,是十分恰当的,因为柔弱的东西让我们感受不到压力,它的作用也是"润物细无声"般的自然。

一个人能做到守柔处雌,在现实生活中便不会与他人相争;而一个人如果真的能做到什么都不争,那就接近于道的境界了。因为老子认为,水正是因为不与万物相争,故接近于道:"水善利万物而不争,处众人之所恶(wù),故几于道。"(八章)所以老子说:"天之道,不争而善胜"(七十三章),"夫唯不争,故天下莫能与之争"(二十二章)。一个有真本事的人,他用不着与别人争权夺利,或去想方设法求取名声,他只要默默地做好自己的事情,最后,最好的声望、利益都会归到他的名下,而这才是最高的处世智慧。

六、哀兵必胜的军事原则

老子生活在春秋末年,当时天下大乱,战争频仍,这种状况在《老子》中也有充分的反映。如第三十章中说:"师之所处,荆棘生焉。大军之后,必有凶年。"指的就是当时战争造成破坏的情形。老子主张无为而治,战争则以杀人为事,属于典型的有为,所以老子对战争持明确的反对态度:"夫兵者,不祥之器,物或恶之,故有道者不处。"(三十一章)在老子看来,只要发生战争,就是天下政治不清明的表现,因为只要天下政治清明,是不会发生战争的:"天下有道,却走马以粪。"(四十六章)意即天下政治清明,就把奔驰的战马退回去耕种田地。这种观点,无疑是极其正确的。

老子反对战争,然而,当战争不可避免时,老子也不主张束手就擒,而是要积极应对。至于具体的应对之道,主要包含这样三个方面:

一是要选择优秀的军事将领。老子认为,一个好的军事将领,必须具备以下素质:不显示武力,不轻易发怒,不与敌人正面交锋,善于用人。即所谓"善为士者,不武;善战者,不怒;善胜敌者,不与;善用人者,为之下"(六十八章)。这无疑是对以往战争经验的深刻总结,且与《孙子兵法》中的相关论述若合符节。如《孙子兵法》的《谋攻篇》中说:"不战而屈人之兵,善之善者也";《虚实篇》中说:"兵之形,避实而击虚";《火攻篇》中说:"主不可以怒而兴师,将不可以愠(yùn)而致战";等等。

二是不要主动发起战争,在战场上也不要主动进攻,而应以守和避为主。个中原因,"抗兵相若,哀者胜矣"(六十九章)一句可谓说得十分透彻。这是因为,一个国家,若是在外敌入侵时奋起还击;一支军队,若在对方军队的不断挑衅、进攻面前一直隐忍、退让,而对方军队仍不依不饶,疯狂地非要置它于死地,在这种情况下,这个国家或这支军队便会爆发出巨大的战斗力,最终一举摧毁敌人。

三是要兵不厌诈。一支有实力的军队,不能轻易把自己的实力暴露给敌人,而要在敌人面前示弱,所谓"行(háng)无行,攘(rǎng)无臂,扔无敌,执无兵"(同上),说的就是这个意思。敌人发现你力弱可欺,便会轻易发动进攻,这样的敌人当然必败无疑,所以老子说"祸莫大于轻敌,轻敌几丧吾宝"(同上)。类似的思想在《孙子兵法》中也有明确表述:"兵者,诡道也。故能而示之不能,用而示之不用"。(《计篇》)

最后,老子指出,战争取得胜利后,要有正确的态度,不能因此而自我夸耀、趾高气扬，因为战争是杀人的事，如果你为取得胜利而高兴，就说明你这个人喜欢杀人，而一个喜欢杀人的人是不会有好结果的，所以老子主张："杀人之众，以悲哀泣之，战胜以丧礼处之。"（三十一章）老子的观点无疑是很有道理的，但是要让战场上的胜利者获胜后不加庆祝，似乎也不太容易。

由于老子思想的巨大影响力，历史上《老子》的版本极多。目前已知最早的《老子》版本当数1993年出土的郭店竹简本，时间应在公元前4世纪之前，有甲、乙、丙三组文字，但内容比通行本要少很多，极有可能是《老子》的几个摘抄本。1973年在长沙马王堆汉墓出土的帛书《老子》甲、乙本，是现存最早且较完整的《老子》抄本，时间当在汉初或汉初以前。此后影响较大的有据传为汉文帝时的河上公注本、东汉时的严遵本、魏晋时的王弼注本和唐初时的傅奕本，这其中，又以王弼注本的影响最大。本书的原文即以中华书局1954年版《诸子集成》中所收的华亭张氏原本王弼注《老子道德经》为底本，同时参阅了有代表性的各家研究成果。

概括地说，本书主要有以下几个方面的特点：

1.《老子》一书言简意赅，要对其每一章的思想宗旨作出确切把握有很大的难度。目前市场上关于《老子》注译的版本极多，但它们要么没有每章的章旨或导读，要么写得似是而非，要么只就其中的一点大加发挥，不作整体的把握，且有的思想陈旧，从根本上曲解了老子的思想。因此，目前能对老子思想作出确切把握和表述的《老子》注译本少之又少。本书则对《老子》八十一章的每一章都写了导读，每则导读都力求以老子的整体思想为背景，作出尽可能符合《老子》本意的解读。若实在无法作出确切理解的，则明确告诉读者此章章旨不明或理解上存在争议。

2.注释简洁、准确、客观、全面。目前出版的许多古代经典注译本有一个较为明显的通病，就是注译者作注较为随意，这种随意表现在两个方面：一是哪些字词须注，哪些字词不用注，没有统一的标准，造成一些必须加注的疑难字词常常被有意无意地回避了，这必然会给读者阅读古代经典带来很大的困难；二是注译文字较为随意，注译者常常根据自己的理解来作注，而不是依据相关工具书上的解释，这就使注释文字缺乏权威性。本书则做到逢疑难必注，不回避问题，对于迄今仍存在分歧和争议的地方，坚持实事求是的原则，或明确表示存疑，或同时列举几种有代表性的观点，以提示读者此处内容并无确解。同时，注释文字一律采用《汉语大词典》《辞海》《辞源》《古代汉语词典》等权威工具书中的解释，以避免误导读者。

3. 在白话翻译部分，尽量采用直译的做法，不作引申和发挥，并力求使译文精致、流畅。

衷心希望广大读者能在赏心悦目的阅读中，轻松把握《老子》的内容和精髓。

冯国超
2016年10月于北京

目　录

一章……………………………………… 001

二章……………………………………… 004

三章……………………………………… 007

四章……………………………………… 009

五章……………………………………… 011

六章……………………………………… 013

七章……………………………………… 014

八章……………………………………… 016

九章……………………………………… 018

十章……………………………………… 020

十一章…………………………………… 022

十二章…………………………………… 024

十三章…………………………………… 026

十四章…………………………………… 029

十五章…………………………………… 031

十六章·················· 033
十七章·················· 035
十八章·················· 037
十九章·················· 039
二十章·················· 041
二十一章················ 044
二十二章················ 046
二十三章················ 048
二十四章················ 050
二十五章················ 052
二十六章················ 054
二十七章················ 056
二十八章················ 058
二十九章················ 060
三十章·················· 062
三十一章················ 064
三十二章················ 066
三十三章················ 068
三十四章················ 070
三十五章················ 072
三十六章················ 074
三十七章················ 076
三十八章················ 078

三十九章··················081

四十章····················083

四十一章··················085

四十二章··················087

四十三章··················090

四十四章··················092

四十五章··················094

四十六章··················096

四十七章··················098

四十八章··················100

四十九章··················102

五十章····················104

五十一章··················106

五十二章··················108

五十三章··················110

五十四章··················112

五十五章··················114

五十六章··················116

五十七章··················118

五十八章··················120

五十九章··················122

六十章····················124

六十一章··················126

六十二章 …………………………………… 128

六十三章 …………………………………… 130

六十四章 …………………………………… 133

六十五章 …………………………………… 136

六十六章 …………………………………… 138

六十七章 …………………………………… 140

六十八章 …………………………………… 142

六十九章 …………………………………… 144

七十章 ……………………………………… 146

七十一章 …………………………………… 149

七十二章 …………………………………… 151

七十三章 …………………………………… 153

七十四章 …………………………………… 155

七十五章 …………………………………… 157

七十六章 …………………………………… 159

七十七章 …………………………………… 161

七十八章 …………………………………… 163

七十九章 …………………………………… 165

八十章 ……………………………………… 167

八十一章 …………………………………… 170

一　章

【导读】

本章开宗明义,告诉我们老子所谓的道究竟是什么。

首先,道是不可言说和命名的,因为当你对它进行言说和命名时,你所说的道就不是那个真正的道本身了。

其次,道又必须言说和命名,因为只有通过言说和命名,人们才能明白有道的存在。

再次,要了解道的存在和性质,可以从把握无和有入手,因为无和有都出自道。需要指出的是,这里的无不是指不存在,而是指人通过感官无法感知的存在;这里的有,指的也不是某种具体的事物,而是指一切存在物共同的性质。正因为它们与人们常识中对无和有的理解不同,所以老子说它们"同谓之玄"。不过,与更为玄妙的道相比,无和有毕竟容易把握些,所以,可以从无中去观察道的微妙,可以从有中去观察道的显现。

需要说明的是,本章中的"无,名天地之始;有,名万物之母"一句,有的本子也作"无名,天地之始;有名,万物之母";"故常无,欲以观其妙;常有,欲以观其徼"一句,有的本子也作"故常无欲,以观其妙;常有欲,以观其徼"。均有一定道理,可作参考。

道①可道②,非常③道;名④可名⑤,非常名⑥。

无⑦,名⑧天地之始;有⑨,名万物之母⑩。

故常无,欲以观其妙⑪;常有,欲以观其徼(jiào)⑫。

此两者⑬同出而异名,同谓之玄⑭。玄之又玄,众妙之门⑮。

【注释】

①道:老子所用的专门术语,指宇宙万物的本原、事物变化发展的根本动力等,它永恒存在,又变动不居。　②道:言说;用语言表达。　③常:马王堆汉墓帛书《老子》(以下简称"帛书")甲、乙本皆作"恒"(一说为避汉文帝刘恒讳,改"恒"为"常"),指恒久、永恒。　④名:一说指事物的名称;一说专指道的名称。　⑤名:称谓。　⑥常名:恒久存在的名。一说即道的名称。关于常名的确切含义,迄今无定论。　⑦无:指道的无形质的状态。　⑧名:称为。　⑨有:指道化生万物的状态,也指万物的共性,即存在。　⑩母:这里指根源。　⑪妙:微妙。　⑫徼:一说指边际;一说指光明。　⑬此两者:指无和有。　⑭玄:玄妙;深奥。　⑮门:门径。

【译文】

道可以用语言来表达,但用语言表达出来的道就不是那恒久存在的大道;名可以用来称谓,但用来称谓的名就不是那恒久存在的名。

无,指的是天地的本始;有,指的是万物的根源。

所以,常常从无中,去观察道的微妙;常常从有中,去观察道的显现。

　　无和有这两者都源出于道而名称不同,它们都可以说是很玄妙的。玄妙而又玄妙,是通向一切奥妙的门径。

二　章

【导读】

　　本章指出，任何事物都是对立面的统一体，如美和丑、善和恶、高和低、难和易等，如果失去了一方，另一方也就不再存在。正如美是相对于丑而言的，如果没有了丑，也就没有了美；同样，易也是相对于难而言的，如果没有难做的事，当然也就说不上有容易做的事。

　　因此，对立面既冲突又相互依赖，这无疑是存在于自然和社会中的真理。那么，老子把此真理揭示出来，又有什么意义呢？这就是老子要强调的："生而不有，为而不恃，功成而弗居。"其间的逻辑关系是：既然任何事物都是对立面的统一体，那么，我们在具体行事时，就不能偏执一方，因为只要你偏执一方，就会失去对事物的正确把握。那么怎么办呢？正确的做法，就只能是一切顺其自然，不做主观上的执着，如有所作为却不以此为依凭，功业成就而不以功自居。而且，当你真正按上述原则去行事的时候，你将最终发现："夫唯弗居，是以不去"，即正因为你不以功自居，所以你的功业会始终伴随着你。

　　老子的上述观点无疑是很有道理的，只是普通人往往很难做到。

天下皆知美之为美,斯①恶②已③;皆知善之为善,斯不善已。

故有无④相生⑤,难易相成⑥,长短相形⑦,高下相倾⑧,音⑨声⑩相和⑪,前后相随⑫。

是以圣人⑬处⑭无为⑮之事,行不言⑯之教⑰;万物作⑱焉而不辞⑲,生而不有⑳,为而不恃㉑,功成而弗㉒居㉓。夫唯弗居,是以不去㉔。

【注释】

①斯:则;就。　②恶:丑。　③已:语气助词,同"矣"。　④有无:指事物的存在与不存在。　⑤相生:互相依存。一说指互相产生。　⑥成:成就;形成。　⑦形:表现;显现。王弼本作"较",河上公本、傅奕本皆作"形",毕沅说:"古无'较'字。"据之以改。　⑧倾:依靠。帛书甲、乙本作"盈"。　⑨音:指单声。一说指乐器的音响。　⑩声:指和声。一说指人的声音。　⑪和:和谐。　⑫随:跟随;伴随。　⑬圣人:老子所指的理想人物,其特点是言行合乎大道,随顺自然,摆脱了一切束缚。与儒家所说的圣人不同,儒家的圣人指道德修养达到极高境界的人。　⑭处:行。　⑮无为:不妄为;顺乎自然而为。　⑯言:法规号令。　⑰教:教化。　⑱作:兴起。　⑲辞:拒绝。　⑳有:占有;据为私有。　㉑恃:凭借;依赖。　㉒弗:不。　㉓居:占据;占有。　㉔去:离开。

【译文】

天下的人都知道什么是美,也就知道什么是丑了;都知道什么是善,也就知道什么是不善了。

所以有和无互相依存,难和易相对而成立,长和短相比较而显现,高和下互相依赖,音和声相配合而和谐,前和后互相伴随。

所以圣人处世行事时一切顺乎自然,实行不用法规号令的教化;万物兴起而不去横加干涉,使万物生长而不去占有,有所作为而不以此为依凭,功业成就而不以功自居。正是因为他不以功自居,所以他的功业始终伴随着他。

三　章

【导读】

老子在本章中集中阐述了其无为而治的治国思想。具体的做法包括：不要去推崇贤能的人，这样老百姓就不会相互竞争；不要去炫耀能引起欲望的东西，这样老百姓就会安于现状；让老百姓吃饱肚子，思想单纯，这样人们就不会胆大妄为，从而最终达到天下"无不治"的目标。

老子的上述思想，曾被许多学者贴上"愚民政策"的标签。这无疑有简单化处理之嫌。其实，这里反映的是老子的一种社会理想，可与第八十章关于"小国寡民"的论述联系起来考察。在老子看来，提倡竞争，追求财物和享受，固然可以使社会财富不断增加，但是它是以牺牲老百姓内心的宁静和国家的安定为代价的。那么，对于老百姓来说，什么样的生活才是幸福的呢？老子认为，老百姓吃饱、穿暖，无忧无虑地过一辈子，才是最理想的生活。反观我们现代社会，虽然科技高度发达，物质财富十分丰富，但是，环境严重污染，奸商唯利是图，人心躁动不安，战争威胁不断，这样的状况，难道真的就比老子设想的理想社会有明显的优越性吗？

不尚①贤②,使民不争;不贵难得之货,使民不为盗;不见(xiàn)③可欲④,使民心不乱。

是以圣人之治⑤,虚⑥其⑦心,实其腹,弱⑧其志,强⑨其骨。常使民无知无欲⑩,使夫智者不敢为也。为⑪无为,则无不治。

【注释】

①尚:崇尚。　②贤:有德行和才能的人。一说指财货。　③见:同"现",指显现,引申指炫耀。　④可欲:能引起欲望的东西。一说指多欲。　⑤治:治理国家。一说指治身。　⑥虚:作动词,指使变空虚。　⑦其:指民众。一说指圣人自己。　⑧弱:削弱;使变弱。　⑨强:使变得强健。　⑩无知无欲:指没有过多的知识和欲求。　⑪为:行;做。

【译文】

不推崇有德行和才能的人,使民众不争名竞利;不以难得的财货为贵重,使民众不去做盗贼;不炫耀能引起欲望的东西,使民众的思想不被惑乱。

因此,圣人治理国家时,要使民众的思想变得单纯,让他们能吃饱肚子,削弱他们的志向,使他们的筋骨变得强健。常常使民众没有过多的知识和过分的欲求,使那些聪明的人不敢妄为。按照无为的原则行事,天下没有治理不好的。

四　章

【导读】

在本章中,老子进一步展开其对道的论述,且内容比第一章要更为具体,主要有以下两点:

一是道空虚无形,它看不见摸不着,但是却无时无刻不在发挥着作用。正是从道的具体作用中,我们可以发现它的存在。

二是道是万物的创生者。道深邃无比,好像是万物的宗主;我们不知道是什么产生了道,但道在天帝之前即已存在。在中国古代思想中,常常把天帝或天作为最高的主宰,老子则认为道比天帝更根本,这无疑是有重要意义的观点。

道冲①,而用之或②不盈③。渊④兮,似万物之宗;(挫其锐,解其纷,和其光,同其尘。⑤)湛⑥兮,似或存。吾不知谁之子,象⑦帝⑧之先。

【注释】

①冲:空虚。　②或:又。　③盈:满;充实。　④渊:深;深邃。　⑤挫其锐,解其纷,和其光,同其尘:这四句亦

见于五十六章,放在此处不恰当,疑为错简,译文从略。
⑥湛:隐没;深。　　⑦象:好像。　　⑧帝:天帝。

【译文】

道是空虚无形的,但它的作用却又不会穷尽。它深邃啊,好像是万物的宗主;它幽隐莫测啊,但又好像确实存在。我不知道它是从哪里产生的,好像在天帝之前就已存在。

五 章

【导读】
本章指出,人应该从以下两个方面向天地学习:
一是要像天地那样"不仁",即没有仁爱之心。天地把万物当作刍狗即用草编扎成的狗一样,没有偏爱之心,一视同仁,让万物自由自在地生长发展;圣人也是一样,只有把百姓看作刍狗一样,公平对待,百姓才能悠闲自在地生活。
二是要像天地那样保持"虚"的状态。老子认为,天地之间就像一个大风箱,正因为其中既空虚又巨大,空气才能不停地流动。人也一样,做得太多或说得太多都会使自己陷于绝境,所以不如像天地那样使自己的内心保持空虚的状态。

天地不仁①,以万物为刍狗②;圣人不仁,以百姓为刍狗。

天地之间,其犹橐籥(tuóyuè)③乎?虚而不屈(jué)④,动而愈出。

多言⑤数⑥穷⑦,不如守中⑧。

【注释】

①仁:爱;仁爱。　②刍狗:用草编扎而成的狗,祭祀时作为祭品。　③橐籥:风箱。古代冶铸时用,橐是装气的口袋,籥是吹风管。　④屈:竭;尽。　⑤多言:政令繁多。一说指说话多。　⑥数:速。一说指屡次。　⑦穷:失败。　⑧中:中正之道,即老子主张的虚静无为之道。一说通"冲",指虚静。

【译文】

天地没有仁爱之心,它把万物看成祭祀时用的草狗一样;圣人没有仁爱之心,他把百姓看成祭祀时用的草狗一样。

天地之间,不就像个风箱一样吗?内中空虚却没有穷尽,一旦鼓动起来,风量源源不断且越来越大。

政令繁多会导致快速灭亡,还不如持守虚静。

六 章

【导读】

本章继续描述道的特性。

老子指出,道就像神妙莫测的虚空——谷神和深奥玄妙的母体——玄牝一样,既是天地的根源,又无时无刻不在发挥着作用,而且这种作用永远不会穷尽。

谷神①不死②,是谓玄牝③。玄牝之门,是谓天地根。绵绵④若存,用之不勤⑤。

【注释】

①谷神:神妙莫测的虚空(谷:虚;虚空)。一说指道。 ②不死:不停息。 ③牝:雌性动物。 ④绵绵:细微而连续不断的样子。 ⑤勤:穷尽;枯竭。

【译文】

神妙莫测的虚空变动不竭,这叫作深奥玄妙的母体。这深奥玄妙的母体之门,叫作天地的根源。它极其细微而又连续不断地存在着,作用永远不会穷尽。

七　章

【导读】

本章论述了无私的重要性。

老子指出,天地之所以能够长久存在,就在于它们不是为了自己而存在,而是为了天地间的万物而存在。既然如此,天地就用不着为自己是否会存在而费心,因为天地间的万物会竭力维护天地的存在。所以,正是天地的无私造就了天长地久的局面。

圣人也一样,圣人想要得到民众的拥护,保证自己的安全,最好的做法,就是向天地学习,无私地对待天下民众,后天下之乐而乐,不考虑自己的生命安全,这样,天下民众就会无条件地支持你,你的地位、生命不就能够确保了吗?

在对该章的理解中,要防止作阴谋论的解读,即认为圣人的无私只是为了保全自己而采取的手段、招数。事实上,在老子的思想体系中,圣人无私是纯粹自然的行为,而不是刻意为之。

天长地久。天地所以能长且久者,以其不自生①,故能长生②。

是以圣人后其身而身先③,外其身而身存。非以其无私邪？故能成其私④。

【注释】

①不自生：不为自己而生存。　②长生：长久生存。一说应作"长久"。　③后其身而身先：把自己放在众人之后，从而受到众人拥护而处于众人之先。　④成其私：成全自己。

【译文】

天地长久地存在。天地之所以能长久地存在，是因为它们不为自己而生存，所以能长久存在。

所以圣人让自己处于众人之后，反而受到众人的拥护而居于众人之先；不考虑自己的生命，反而使自己的生命得以保全。不正是因为他无私吗？所以能成全自己。

八 章

【导读】

本章指出了水的三个重要的特性:一是善于有利于万物,二是不与万物相争,三是甘处众人都厌恶的地方。老子认为,水的这三个特性符合最高的善的标准,甚至与道的性质相接近。既然如此,作为人,就应该学习水的美德,做到与世无争,与人为善,诚实守信,深沉虚静……只有这样,才能确保自己没有过失。

上善①若水。水善利万物而不争,处众人之所恶(wù)②,故几③于道。

居④善地⑤,心善渊⑥,与⑦善仁⑧,言善信,正⑨善治,事善能,动善时⑩。

夫唯不争,故无尤⑪。

【注释】

①上善:具有最高的善的人。　②恶:厌恶。　③几:近。
④居:居处。一说指处世。　⑤地:地方。一说指低下。

⑥渊:深沉寂静。　　⑦与:交往。　　⑧仁:亲爱。一说应作"人"。　　⑨正:通"政",指行政、政务。　　⑩时:时机。⑪尤:过错;过失。

【译文】

具有最高的善的人就像水一样。水善于有利于万物而不与万物相争,甘心处于众人都厌恶的地方,所以它接近于道。

善于选择居住的地方,思虑善于保持深沉寂静,与人交往善于亲近相爱,说话善于诚实守信,在政务上善于治理,处理事情善于发挥自己的才能,行动上善于把握时机。

正因为与世无争,所以没有过失。

九 章

【导读】

　　本章的核心内容,有人认为是论述俭啬自保之道,重在养生;有人认为老子在这里说出了知进而不知退、善争而不善让的祸害,叫人要适可而止;有人认为反映了老子本人对待社会、对待生活、对待前途的消沉寂寞的心态和淡泊麻木的态度;如此等等,不一而足。说得均有一定道理,但都说得太过宽泛。

　　其实,老子此章主要是对成功人士提出的忠告,即一个人,当他功成名就后,该如何应对,而不是泛泛地谈论应该如何处世、如何为人。其实,老子的话已经说得十分明白:"金玉满堂,莫之能守;富贵而骄,自遗其咎;功遂身退,天之道。"这样的话不是针对成功人士而说,又是针对谁说的呢?

　　在中国历史上,知进而不知退、成功后居功自傲,因而遭受祸殃的例子,可谓数不胜数。血淋淋的事实让一些智者警醒,让他们能在名利关头看到危险,在富贵场中察觉祸患,从而得以全身而退,安享太平。

　　需要指出的是:文中"功遂身退"的"退",并不是退隐的意思,而是功成而不居功的意思。若把它理解为退隐,会使老子思想的可操作性大打折扣。

持①而盈之,不如其已②;
揣(zhuī)③而锐之,不可长保。
金玉满堂,莫之能守;
富贵而骄,自遗④其咎⑤。
功遂⑥身退,天之道⑦。

【注释】
①持:执持;把持。　②已:停止。　③揣:捶击。
④遗:留下;招致。　⑤咎:灾殃。　⑥遂:成。　⑦天之道:指自然的规律。

【译文】
执持着让它盈满,不如尽快罢手;
捶击它使变得锐利,锋芒不能长久保持。
金玉满堂,没有谁能守住;
富贵而骄傲,只会自己招致灾殃。
功成身退,这样做才符合自然的规律。

十 章

【导读】

本章强调,无论是修身、行事还是治国,都应该遵循自然无为的原则。

在本章中,最引人关注的无疑是老子提出的一种特殊的修身之术:让灵魂与大道合一;结聚身中的精气,使身体变得像婴儿一样柔顺;排除心中的杂念,保持内心的柔弱宁静。这些说法,让人很容易联想到后世的气功、静功及道教的打坐修炼之术。于是有人提出,老子之所以以道为天地万物的本质,就是因为他通过上述特殊的修身之术,在入静的状态下,体悟到了那个恍兮惚兮的大道。

虽然大多数道家学者都不主张把此段内容与气功、静功等相联系,但不可否认的是,后世的气功、静功修炼等的理论和方法,都是直接继承了老子的上述论述。

载①营魄②抱一③,能无离乎?
专(tuán)④气致柔,能婴儿乎?
涤除⑤玄览⑥,能无疵(cī)⑦乎?
爱民治国,能无知⑧乎?

天门⑨开阖(hé)⑩,能为雌⑪乎?

明白四达⑫,能无为乎?

生之,畜之,生而不有,为而不恃,长而不宰,是谓玄德⑬。

【注释】

①载:语气助词。一说指负荷、持。　②营魄:魂魄;灵魂。　③抱一:一说指合一;一说指持守大道(一:指"道")。　④专:通"抟(tuán)",指结聚。　⑤涤除:清除。　⑥玄览:玄妙的镜子,指心灵。览:通"鉴",指镜子。　⑦疵:瑕疵;毛病。　⑧知:通"智",指智巧。　⑨天门:指人的感官。　⑩阖:关闭。　⑪为雌:持守柔弱宁静。为:王弼本作"无",帛书乙本作"为","无雌"不合《老子》宗旨,据之以改。　⑫达:通晓;通达。　⑬生而不有,为而不恃,长而不宰,是谓玄德:这几句亦见于五十一章,放在此处不恰当,疑为竹简错乱所致。

【译文】

让灵魂持守大道,能够不分离吗?

结聚精气而变得柔顺,能像婴儿一样吗?

排除内心的杂念,能没有瑕疵吗?

爱民治国,能不用智巧吗?

感官在接触或不接触外界时,能持守柔弱宁静吗?

对事物明白通达,能坚持自然无为吗?

生成万物,养育万物,生成万物而不据为己有,养育万物而不自恃有功,使万物生长而不去宰制,这叫作幽深玄妙的德。

十一章

【导读】

本章主要论述了有与无的辩证关系,并强调了无的重要作用。

在日常生活中,我们总是觉得那些对我们有用的、看得见摸得着的东西才是重要的,比如拥有房子,拥有车辆,这个房子、车辆才是实实在在的有,才是有价值的。但是老子则向我们揭示了观察事物的一个特殊的视角:一幢房子,如果没有门窗,里面都是实心的,这幢房子还有用吗?一个坛子,如果里面不是虚空的,还能装东西吗?所以老子告诉我们:房子、坛子之所以对我们有用,就是因为它们里面是空的,是无。于是老子得出结论:"故有之以为利,无之以为用。"

老子的论述无疑是极具说服力的,我们也不得不由衷地佩服老子深刻的洞察力。但是,值得我们注意的是,老子此段话的真正用意并不在于揭示日常生活中的某项真理,而是由此引导出对有与无这两个概念的认识:有虽然重要,但是无却更为根本。

三十辐[①],共一毂(gǔ)[②],当其无[③],有车之用。

埏(shān)埴(zhí)[④]以为器,当其无[⑤],有器之用。

凿户牖(yǒu)⑥以为室,当其无⑦,有室之用。

故有之以为利,无之以为用。

【注释】

①辐:辐条,车轮上连接车毂和轮圈的直棍。　②毂:车轮中心可以插轴的圆孔。　③无:指车毂的圆孔中空。　④埏埴:把黏土放在模子里制作陶器。埏:用水和(huó)土。埴:制陶用的黏土。　⑤无:指陶器中空。　⑥户牖:门窗。⑦无:指门窗及房屋内的空处。

【译文】

三十根辐条汇集到车毂上,因为车毂中空,车才能发挥作用。

把黏土放在模子里制作陶器,因为陶器中空,才能起到器皿的作用。

开凿门窗建造房屋,因为门窗及房屋内有空处,才有房屋的作用。

所以器物给人们带来便利,常常是因为器物中空着的部分发挥了作用。

十二章

【导读】

本章认为,外在的物质享受常常会给人带来各种伤害,因此最好的做法就是抛弃这些享受。

眼睛喜欢看漂亮的东西,耳朵喜欢听优美的声音,嘴巴喜欢吃美味的食物,喜欢从事各种刺激性的活动,爱好种种难以得到的好东西,这是人之常情,说不上有什么不对。但是,一个人如果沉溺于此,一味地以此为乐,甚至不择手段地去寻求这些享乐,就会造成"令人目盲""令人耳聋""令人行妨"即使人的行为偏离正道等严重后果,所以老子明确地说:圣人肯定不会去追求物质享受,他只求能吃饱肚子就行。

俗话说,欲不可纵。纵欲只能给身心带来各种伤害。因此,老子的观点无疑是很有道理的。但是,不纵欲不代表去除人的基本欲望,而老子"为腹不为目"的说法无疑显得有些极端:难道人活一生,只是为了求得吃饱肚子吗?就不能去追求漂亮的东西和优美的声音吗?不过,好在老子说的是"圣人为腹不为目",至于普通人,适度的"为目",亦未尝不可。

五色①令人目盲,五音②令人耳聋,五味③令人口爽④,驰骋畋(tián)猎⑤令人心发狂,难得之货令人行妨⑥。

是以圣人为腹⑦不为目⑧,故去彼⑨取此⑩。

【注释】

①五色:青、赤、黄、白、黑五种颜色,泛指多种颜色。　②五音:宫、商、角、徵(zhǐ)、羽五个音阶上的级,泛指多种音乐。③五味:甜、酸、苦、辣、咸五种味道,泛指多种味道。　④爽:伤;败;亡失。　⑤畋猎:打猎。　⑥妨:伤;害。⑦为腹:追求吃饱肚子。　⑧为目:追求各种声色享受。⑨彼:指"为目"。　⑩此:指"为腹"。

【译文】

繁多而杂乱的色彩使人看不清东西,繁乱而嘈杂的音乐使人听不清声音,各种浓烈的滋味使人分辨不出味道,纵马打猎使人心中发狂,难以得到的财物使人的行为偏离正道。

因此,圣人只求吃饱肚子,不去追求各种声色享受,所以抛弃后者而选取前者。

十三章

【导读】

　　本章主要包含两层意思：一是要"宠辱若惊"，二是只有"贵大患若身"者才可托付天下。

　　所谓"宠辱若惊"，即得宠和受辱就惊恐不安。受到侮辱而惊恐不安，这比较容易理解，那么得宠为什么也要惊恐不安呢？老子说，这是因为"宠为下"，即得宠属于卑下之事。这说得没错，因为"宠"字常常用于上级对下属、父母对子女、师傅对徒弟等等。而且得宠与失宠相对，一个得宠的人，无法保证自己永远得宠，他时时面临失宠的危险，所以得宠时感到惊恐不安，是一种正确的心态。

　　关于"贵大患若身"者才可托付天下，则理解起来较为困难，历代学者对此也是众说纷纭，未能有统一的结论。首先是"贵大患若身"究竟该作何解？从字面来看，老子已经说得十分清楚：如果我没有这个身体，我会有什么祸患？所以身体就是我最大的祸患。这种说法让我们很容易联想到佛教的观点：灵魂因为受肉体这个臭皮囊的束缚，才会有种种烦恼痛苦，只有肉体消亡了，灵魂才能得到解脱。但是老子说的也是这个意思吗？从老子的整体思想来看，除了此处，他从来没有轻视身体的思想，因此这种理解无疑值得商榷。但是不作这种理解,又该如何作解?所以对此只能暂时存疑。

其次是只有重视和爱惜自己身体的人,才能把治理天下的责任托付给他。此话从逻辑上来说比较好理解:一个连自己的身体都不爱的人,怎么会去爱别人、爱天下之人呢?但是观诸历史事实,那些历史上的明君贤臣,往往是舍身为国,鞠躬尽瘁,死而后已之人;而那些重视自己身体的君臣,则往往会为了一己私利而损害天下民众。

综上所述,此章文字确实费解,若不是表述有误,便是后人理解得不够到位。

宠辱若①惊,贵②大患若③身。

何谓宠辱若惊?宠为下④,得之若惊,失之若惊,是谓宠辱若惊。

何谓贵大患若身?吾所以有大患者,为吾有身,及⑤吾无身,吾有何患?

故贵以身为⑥天下,若可寄天下;爱⑦以身为天下,若可托天下。

【注释】

①若:乃;就。　②贵:重视。　③若:如;像。　④宠为下:河上公本作"辱为下",景福碑、李道纯本等作"宠为上,辱为下"。　⑤及:若;如果。　⑥为:治理。　⑦爱:爱惜。

【译文】

得宠和受辱就惊恐不安,像重视大的祸患一样重视自己的身体。

什么叫作得宠和受辱就惊恐不安?得宠属于卑下之事,得到它就感到惊恐不安,失去它也感到惊恐不安,这就叫作得宠和受辱就惊恐不安。

什么叫作像重视大的祸患一样重视自己的身体?我之所以会有大的祸患,是因为我有这个身体,如果我没有这个身体,我还会有什么祸患呢?

所以,能够像重视自己的身体一样去治理天下的人,才可以把天下寄托给他;能够像爱惜自己的身体一样去治理天下的人,才可以把天下托付给他。

十四章

【导读】

本章主要论述了道的特性和作用。

在第一章中,老子说,道不可言说,可以言说的就不是真正的道;但是,道又必须言说,否则人们又怎么知道有道的存在呢?因此,在本章中,老子努力为我们揭示道的特性:它没有形体,没有声音,不可捉摸,似有若无;既看不见它的脑袋,又看不见它的后背。但是,道却又客观地存在着,这种存在,可以称为没有形状的形状,没有物体的形象。这样的语言,无疑是十分玄奥的,但是,对于超越人的感官认知能力的道,也只能用这种玄奥的语言去表述。

不过,道的形状虽然无法捉摸,但是道的作用却是实实在在的。因此,老子说,如果你把握了道,便可用它来驾驭眼下的具体事物,甚至还能知道天地万物的开始。

视之不见,名曰夷①;听之不闻,名曰希②;搏③之不得,名曰微④。此三者不可致诘⑤,故混而为一。其上不皦(jiǎo)⑥,其下不昧⑦,绳绳兮⑧不可名,复归于无物。是谓无状之状,无物之象,是谓惚恍⑨。迎之不见其首,随之不见其后。

执古之道,以御⑩今之有⑪,能知古始⑫,是谓道纪⑬。

【注释】

①夷:灭,指没有形状。 ②希:没有声音。 ③搏:触摸。一说指捕捉;一说指拍。 ④微:没有形体。 ⑤致诘:穷究。诘:追问。 ⑥皦:明亮。 ⑦昧:暗;阴暗。 ⑧绳绳兮:意思不清。高亨认为,疑本作"冥冥","冥"即"冥",冥冥是渺茫的意思。王弼本无"兮",据景龙本、傅奕本等补。 ⑨惚恍:似有似无,模糊不清。 ⑩御:驾驭。一说指治理。 ⑪有:具体事物。一说即"域",指国家。 ⑫古始:天地万物的初始。 ⑬纪:纲纪;规律。

【译文】

看它却什么都没看见,叫作"夷";听它却什么都没听到,叫作"希";摸它却什么都没摸着,叫作"微"。这三个方面无法追究清楚,它们是合为一体的。它的上面不明亮,它的下面不阴暗,渺渺茫茫,难以名状,最后重新回到没有物象的状态。这叫作没有形状的形状,没有物体的形象,这称为"惚恍"。迎着它,看不见它的脑袋;尾随它,看不见它的后背。

用古已存在的道,来驾驭现今的具体事物,能够知道天地万物的初始,这称为道的规律。

十五章

【导读】

本章主要描述了得道之人的形状和外在表现。

道是深不可测的,无法真正用语言来描述;同样,得道之人的状态也是无法用语言来加以确切描绘的,所以老子在这里只是"强为之容",即勉强对他进行描绘。在老子的笔下,得道之人与普通人有很大的不同:他谨慎小心,庄重恭敬,松散融和,淳厚质朴,像深谷一样空虚宽阔,又像混浊的水一样混沌不清;他能使混浊的东西慢慢变清,能使安然不动的东西缓缓生长。看了这样的描绘,我们似乎看懂了,但似乎又什么都没看懂,因为在现实生活中,谁也没有真正见过这样的得道之士,所以他只能作为一种理想的人格形象矗立在那里,除非你能真正按老子的指引去切实地修行,否则你永远无法对他有真切的把握。

古之善为士①者,微妙玄通②,深不可识。夫唯不可识,故强③为之容④:豫⑤兮,若冬涉⑥川;犹⑦兮,若畏四邻;俨⑧兮,其若客⑨;涣⑩兮,若冰之将释⑪;敦⑫兮,其若朴⑬;旷⑭兮,其若谷;混⑮兮,其若浊。

孰能浊以静之徐⑯清？孰能安以⑰动之徐生？保此道者，不欲盈。夫唯不盈，故能蔽⑱而⑲新成。

【注释】

①士：这里指行道的人。　②通：通达。　③强：勉强。
④容：形容；描述。　⑤豫兮：王弼本"兮"作"焉"，河上公本、傅奕本作"兮"，据改。豫：犹豫，形容谨慎的样子。
⑥涉：渡水。　⑦犹：犹豫，形容小心警惕的样子。
⑧俨：庄重。　⑨客：王弼本作"容"，帛书甲、乙本等皆作"客"，据之以改。　⑩涣：流散；离散。　⑪释：消解。
⑫敦：淳厚。　⑬朴：未经加工的木材。　⑭旷：空而宽阔。　⑮混：混沌不清。　⑯徐：慢慢地。　⑰以：王弼本"以"后有一"久"字，帛书甲、乙本均无，据之以改。
⑱蔽：通"敝"，指旧。　⑲而：王弼本作"不"。易顺鼎《读老杂记》认为："'不'者'而'之误字也。"据之以改。

【译文】

古代善于行道的人，精妙神奇，通幽达微，高深得令人难以认识。正因为令人难以认识，所以勉强对他进行描述：犹豫谨慎啊，就像冬天渡水过河；迟疑小心啊，就像害怕来自四周的威胁；庄重恭敬啊，就像客人一样；松散融和啊，就像冰凌快要消解一样；淳厚质朴啊，就像未经加工的木材一样；空虚宽阔啊，就像山中的深谷一样；混沌不清啊，就像混浊的水一样。

谁能让混浊的东西安静下来，让它慢慢变清？谁能让安然不动的东西运动起来，让它缓缓生长？

保持这个道的人，不求盈满。正因为不盈满，所以能在敝旧中获得新生。

十六章

【导读】

本章主要包含以下三层意思：

一是天下万物纷繁复杂，但这都是其表面现象，透过这一表面现象，可以发现它们有共同的根源或本质，即所谓"万物并作""夫物芸芸，各复归其根"。

二是强调了"知常"的重要性。"知常"即认识事物发展的根本规律。老子指出，"知常"有两个方面的意义：(一)只有"知常"，才能明智地行事，避免任意妄为，造成祸患；(二)"知常"就能包容，就能合乎自然、合乎道，乃至"没身不殆"即终生都不会有危险。

三是为人们指明了达到"知常"境界的具体方法："致虚极，守静笃"，即到达极其虚寂的境界，持守清静进入极度安静的状态。关于"致虚极，守静笃"，学者们有不同的理解，但是，最确切的理解，应该是与庄子所说的"坐忘"相似：调整好自己的身体姿势，放松自己的身体，让大脑进入无思无虑的状态，在一种特殊的精神境界中，去体悟那生命的本真和神秘莫测的宇宙的本质。

致①虚极，守静笃②。

万物并作③,吾以观复④。

夫物芸芸⑤,各复归其根⑥。归根曰静,静曰⑦复命⑧,复命曰常⑨,知常曰明⑩。不知常,妄作凶。

知常容⑪,容乃公⑫,公乃全⑬,全乃天⑭,天乃道,道乃久,没身⑮不殆⑯。

【注释】

①致:到;到达。　②笃:极点;顶点。一说指坚定。
③并作:一起生长、运动。　④复:循环往复的规律。
⑤芸芸:众多的样子。　⑥根:根源;本根。　⑦静曰:王弼本、河上公本作"是谓",敦煌本、傅奕本等皆作"静曰"。作"静曰"与上下文句式一致,据之以改。　⑧复命:回复到生命的本真状态。　⑨常:永恒的规律。　⑩明:明智。
⑪容:包容。　⑫公:公正。　⑬全:全面;周遍。
⑭天:指自然。　⑮没身:一生;终生。　⑯殆:危险。

【译文】

到达极其虚寂的境界,持守清静进入极度安静的状态。

万物一起生长、运动,我借此观察事物循环往复的规律。

事物纷繁众多,各自回归到它们的根源。回归根源叫作静,静叫作回复到生命的本真状态,回复到生命的本真状态是永恒的规律,认识这个永恒的规律叫作明。不认识这个永恒的规律,随意妄为,就会有凶险。

认识了永恒的规律就能包容,能包容就能公正,能公正就能周遍,能周遍就能合乎自然,能合乎自然就能合乎道,能合乎道就能恒久,终生不会有危险。

十七章

【导读】

在本章中,老子向我们展示了其心目中理想的统治者形象:悠闲自在,不轻易发布政令,甚至连老百姓都不知道他的存在,却能"功成事遂",即把国家治理得井井有条。这里面贯穿的仍是老子无为而无不为的治国之道。

为了使论述更具说服力,老子比较了几种不同类型的统治者:一种是受到老百姓亲近和赞美的,一种是让老百姓感到害怕的,一种是遭到老百姓反对的。老子认为他们都不是理想的统治者。这其中,让老百姓感到害怕或遭到老百姓反对的统治者当然是不好的,那么,受到老百姓亲近和赞美的统治者,为什么仍然不够理想呢?这是因为,在老子看来,一个统治者,若要受到老百姓的赞美,便须不断地告诉百姓自己为百姓做了什么,向百姓解释自己是如何心系百姓,有时甚至会有意去讨好百姓,这样的统治者,在境界上当然就比不上有功而不居,甚至功成而身退的统治者了。

太上①,下知有之②;其次,亲而誉之;其次,畏之;其次,侮之。信③不足焉,有不信④焉。

悠⑤兮其贵言⑥。功成事遂⑦,百姓皆谓我自然⑧。

【注释】

①太上:最上;最好。这里指最好的统治者。一说指最好的世代。　②之:代指统治者。　③信:诚信。　④信:相信;信任。　⑤悠:悠闲。　⑥贵言:不轻易说话。贵:以……为贵重。　⑦遂:成功。　⑧自然:自己如此。

【译文】

最好的统治者,老百姓只知道他的存在;次一等的统治者,老百姓亲近并且赞美他;再次一等的统治者,老百姓害怕他;再次一等的统治者,老百姓轻侮他。因为统治者的诚信不够,所以老百姓不信任他。

(最好的统治者)悠闲自在,不轻易说话。等到功业成就了,事情办成了,老百姓都说我本来就是这样的。

十八章

【导读】

在本章中，老子再一次向我们展示了他认识社会问题的独特视角：在普通人看来，仁义、智慧、孝慈、忠诚，无疑是充满正能量的概念，是一个社会需要大力提倡的核心价值观；然而，老子却认为，这些东西都是大道废弃、社会秩序发生混乱以后的产物，在一个以道为原则的社会中，是不需要这些东西的。

老子的观察无疑是犀利的，因为事实正如他所说，人们之所以提倡孝慈，是因为六亲不和；社会上之所以有高明的骗术，是因为人们鼓励运用智慧；人们之所以称某人为忠臣，也是因为政治混乱，乱臣贼子众多。

但是老子无疑又过于理想化了：一个不需要仁义、孝慈、忠诚等价值观，却同时又能秩序井然的社会，在人类的历史上没有出现过，在现实中不存在，至于将来能否出现，亦在未定之天。

大道废，有仁义；智慧出，有大伪①；六亲②不和，有孝慈③；国家昏乱④，有忠臣。

【注释】

①大伪：大的诈伪。　②六亲：指父、母、兄、弟、妻、子六种亲属。泛指亲属。　③孝慈：子女孝顺父母和父母对子女慈爱。　④昏乱：指政治混乱。

【译文】

大道被人废弃，才会提倡仁义；智慧出现了，才会有大的诈伪；亲属之间不和睦，才会提倡孝顺和慈爱；国家政治混乱，才会有忠臣。

十九章

【导读】

本章思想承续上一章,论述圣智、仁义、巧利等在社会治理中的负面作用,提倡人们应该"少私寡欲"。

老子认为,根据世俗的观念,提倡聪明智慧,老百姓就能获得更多的利益;提倡仁义道德,老百姓就会变得孝顺慈爱。而这恰恰就是错误的。相反,只有弃绝聪明智慧,老百姓才能获得百倍的利益;只有抛弃仁义道德,老百姓才会复归孝顺和慈爱。为什么呢?因为只有让老百姓回复到质朴的状态,心中没有私心杂念,他才会去过一种顺乎自然的生活;而这种顺乎自然的生活,相较于充满竞争的生活,无疑对老百姓是更为有利的。

本章的"绝圣弃智""绝仁弃义",1993 年出土的郭店竹简本作"绝智弃辩""绝伪弃诈",因为仁义是儒家提倡的价值观,由此引起了学界对道家和儒家关系的重新审视。一些学者认为,竹简本《老子》不作"绝仁弃义",说明老子道家与儒家的关系并非如原先理解的那样对立。

绝①圣②弃智,民利百倍;绝仁弃义,民复孝慈;绝巧③

弃利,盗贼无有。此三者④以为文⑤,不足⑥,故令有所属⑦:见(xiàn)⑧素⑨抱朴⑩,少私寡欲。

【注释】

①绝:杜绝;抛弃。　②圣:聪明。　③巧:一说指巧诈;一说指技艺。　④此三者:一说指圣智、仁义和巧利;一说指上述三句话。　⑤文:一说指文饰;一说指原则。　⑥不足:一说指不足以治理天下;一说指还有不够的地方。　⑦属:一说指归属;一说指遵循。　⑧见:同"现",指显现。　⑨素:没有染色的丝,这里比喻质朴、朴素。　⑩朴:未经加工成器的木材,这里比喻质朴、朴素。

【译文】

弃绝聪明和智慧,民众可以得到百倍的利益;抛弃仁爱和道义,民众会复归孝顺和慈爱的天性;杜绝技巧和私利,就不会有盗贼。上述三句话作为一种原则,还有不够完善的地方,所以要让人们有所归属:显现并保持质朴,减少私心和欲望。

二十章

【导读】

本章文字较多,显得有些杂乱,有些句子不好理解,如"绝学无忧""人之所畏,不可不畏""荒兮,其未央哉"等之间的逻辑关系就很难把握。不过,就本章的主体思想而言,则主要论述了修道(或得道)之人与世俗之人的区别,包括以下几个方面:

一是世俗之人喜欢热闹,喜欢表面的感官享乐;修道之人则喜欢淡泊宁静:"众人熙熙,如享太牢,如春登台。我独泊兮,其未兆"。

二是世俗之人都满足于物质追求和享乐,修道之人则追求精神境界的不断提升:"众人皆有余,而我独若遗。"

三是世俗之人都活得清楚明白、精细明察,即所谓"俗人昭昭""俗人察察";修道之人则活得糊里糊涂、浑浑噩噩,即所谓"我独昏昏""我独闷闷"。

四是世俗之人都有作为,修道之人则愚钝而且鄙陋。

最后,老子指出,修道之人与世俗之人的一个根本不同,就在于修道之人以道为追求目标。

绝学无忧。唯①之与阿②,相去③几何?美④之与恶,相去若何?人之所畏,不可不畏。

荒⑤兮,其未央⑥哉!

众人熙熙⑦,如享太牢⑧,如春登台。我独泊⑨兮,其未兆⑩,如婴儿之未孩⑪;儽(lěi)儽⑫兮,若无所归。

众人皆有余,而我独若遗⑬。我愚人之心也哉!沌(dùn)沌⑭兮!

俗人昭昭⑮,我独昏昏⑯;俗人察察⑰,我独闷闷⑱。澹(dàn)⑲兮其若海,飂(liú)⑳兮若无止。

众人皆有以㉑,而我独顽㉒且鄙㉓。

我独异于人,而贵食㉔母㉕。

【注释】

①唯:应答的声音。　②阿:通"呵",大声喝斥。　③去:距离。　④美:王弼本作"善",帛书甲本、傅奕本、郭店竹简等作"美",据之以改。　⑤荒:宽广;广漠。　⑥未央:未尽;没有尽头。央:尽。　⑦熙熙:兴高采烈的样子。　⑧太牢:祭祀时用作祭品的牛、羊、猪三种牲畜齐备。　⑨泊:淡泊;恬静。　⑩兆:征兆。　⑪孩:同"咳",指婴儿笑。　⑫儽儽:疲惫颓丧的样子。　⑬遗:一说借作"匮",指不足;一说指遗失、丢失。　⑭沌沌:混沌不明的样子。　⑮昭昭:明白;清楚。　⑯昏昏:糊涂;暗昧。　⑰察察:明察的样子。　⑱闷闷:浑浑噩噩的样子。　⑲澹:安静。　⑳飂:飘浮。　㉑以:用;施用。　㉒顽:愚钝。

㉓鄙:鄙陋。　㉔食:一说指用;一说指养;一说指吃。
㉕母:指道。

【译文】

　　杜绝知识学问,可以免除忧患。恭敬应答与大声喝斥,有多少差别?美好与丑恶,又有多少区别?别人所畏惧的,我也不能不畏惧。

　　广漠遥远啊,好像没有尽头!

　　众人兴高采烈,如同享用大祭后丰盛的祭品,如同春天登上高台远眺。我则独自淡泊宁静,不露丝毫形迹,就像婴儿还不知道笑;疲惫颓丧啊,好像找不到归宿。

　　众人都有富余,只有我好像不足。我真是一种愚人的心理啊!混沌未开啊!

　　世俗之人都活得清楚明白,只有我活得糊里糊涂;世俗之人都很精细明察,只有我浑浑噩噩。沉静啊,好像大海一样;飘浮不定啊,好像没有止息之所。

　　众人都有作为,只有我愚钝而且鄙陋。

　　只有我与众人不同,我重视的是合于大道。

二十一章

【导读】

本章主要包含以下两层意思：

一是进一步描述了道的特性：恍恍惚惚，似有若无，似无若有。你说它存在，但它又不是某种具体的物；你说它不存在，它却在那儿发挥着真实的作用。所以老子说"道之为物，惟恍惟惚"。由此我们可以联想到第十四章中的说法："是谓无状之状，无物之象，是谓惚恍。"可见其思想是前后一贯的。

二是论述了道与德的关系，所谓"孔德之容，惟道是从"，意即大德的样子，只随着道而变化。这里的大德，指的就是事物从道得到的特性。这就告诉我们，道是客观存在的，但道的客观存在是通过具体事物表现出来的；而具体事物之所以能够存在，就是因为它是道的体现。也正因为如此，所以老子说"吾何以知众甫之状哉？以此"，即既然万物是道的体现，那么只要把握了道，也无疑就把握了万物起始时的情状。

孔①德②之容③，惟道是从。

道之为物，惟恍惟惚④。惚兮恍兮，其中有象⑤；恍兮惚兮,其中有物。窈⑥兮冥⑦兮,其中有精⑧;其精甚真,其中有信⑨。

自今及古,其名不去,以阅⑩众甫⑪。吾何以知众甫之状哉?以此⑫。

【注释】

①孔:大。　②德:从道得到的特性;道的体现。　③容:一说指行动、动作;一说指模样、样子。　④惟恍惟惚:似有似无,模糊不清。恍、惚:模糊不清的样子。　⑤象:形象;迹象。　⑥窈:深远。　⑦冥:昏暗。　⑧精:精气;精微的物质。　⑨信:信验;证据。　⑩阅:观察。　⑪众甫:万物的起始。甫:始。　⑫此:指道。

【译文】

大德的样子,只随着道而变化。

道这种东西,似有似无,模糊不清。惚惚恍恍啊,其中有形象;恍恍惚惚啊,其中有实物。深远昏暗啊,其中有精微的物质;这种精微的物质十分真实,可以得到验证。

从现在到古代,它的名字没有失去过,可以凭借它来观察万物的起始。我凭借什么来知道万物起始时的情状呢?就凭借这个道。

二十二章

【导读】

在本章中,老子向我们介绍了一种委曲自己以保全自己、贬抑自己以成就自己的处世之道。

老子通过对自然和社会的深入观察,发现事物总是对立面相互依存和转化的,如弯曲和伸直是一对矛盾,没有弯曲就没有伸直;旧与新是一对矛盾,没有旧就没有新;低洼与满盈是一对矛盾,没有低洼就不可能满盈;……由此类推,那么一个人想要自己有名声,就要不自以为是;想要作出成绩,就要不自我夸耀;想要获得长久,就不能骄傲自大;……所以老子得出结论说:"夫唯不争,故天下莫能与之争。"一个有真本事的人,他用不着去与别人争权夺利,想方设法求取名声,他只要默默地做好自己的事情,最后,最好的声望、利益都会归到他的名下,这才是最高的处世智慧。

曲①则全②,枉③则直,洼④则盈,敝⑤则新,少则得,多则惑。

是以圣人抱一⑥为天下式⑦。不自见(xiàn)⑧,故明;不自是⑨,故彰⑩;不自伐⑪,故有功;不自矜⑫,故长

（cháng）。

夫唯不争,故天下莫能与之争。古之所谓"曲则全"者,岂虚言哉?诚⑬全而归之。

【注释】

①曲:一说指弯曲;一说指委曲。两种理解均有一定道理。
②全:保全。　③枉:歪斜;弯曲。　④洼:低洼。
⑤敝:旧。　⑥抱一:持守大道。一:指道。　⑦式:法式;楷模。　⑧见:同"现",指显现。　⑨自是:认为自己正确。　⑩彰:明显;显著。　⑪伐:夸耀。　⑫矜:自夸;骄傲自大。　⑬诚:确实。

【译文】

委曲才能保全,弯曲才能伸直,低洼才能盈满,敝旧才能更新,缺少才能得到,过多反而会迷惑。

所以圣人持守大道作为天下的楷模。不自我表现,所以能明察;不自以为是,所以能得到彰显;不自我夸耀,所以能作出成绩;不骄傲自大,所以能长久。

正因为不与别人相争,所以天下没有人能与他相争。古人所说的"委曲才能保全"的话,难道是一句空话吗?它确实能让人得以保全。

二十三章

【导读】

本章主要包含以下两层意思:

一是任何事情都不能走极端,正如狂风刮不了一个早晨,暴雨下不了整整一天,人们享受快乐、获取财物等都需要有一定的限制,否则便有可能造成乐极生悲、人为财死的后果。所以,明智的做法就是"希言自然",即少说话、少发号施令、少人为做作,这才是真正符合自然的。

二是要确立正确的追求目标,因为如果你把道作为追求目标,道就会与你同在;如果你把非道作为追求目标,非道就会与你同在。这正如一个人追求高尚,就会变得越来越高尚;甘于堕落,就会变得越来越堕落。所以一个人最终是得道还是失道,取决于他一开始时的选择。

希①言自然。故飘风②不终朝(zhāo)③,骤雨不终日。孰为此者?天地。天地尚不能久,而况于人乎?

故从事于道者,同于道④;德者,同于德;失⑤者,同于失。同于道者,道亦乐得之;同于德者,德亦乐得之;同于失者,失亦乐得之。

信不足焉,有不信焉⑥。

【注释】

①希:少。　②飘风:暴风;狂风。　③朝:早晨。
④同于道:王弼本在"同于道"前有"道者"二字,帛书甲、乙本均无,据之以改。　⑤失:指失道、失德。一说应作"天"。
⑥信不足焉,有不信焉:此句亦见于十七章,置于此处似不恰当。

【译文】

少说话是符合自然的。所以狂风刮不了一个早晨,暴雨下不了一整天。谁让它这样的? 是天地。天地尚且不能使狂风暴雨持久,更何况是人呢?

所以,奉行道的人,就与道相合;奉行德的人,就与德相合;不奉行道和德的人,就与失道、失德相合。与道相合的人,道也乐意得到他;与德相合的人,德也乐意得到他;与失道、失德相合的人,失道、失德也乐意得到他。

因为统治者的诚信不够,所以老百姓不信任他。

二十四章

【导读】

在第二十二章中,老子说:"不自见,故明;不自是,故彰;不自伐,故有功;不自矜,故长。"因此,本章的"自见者不明"等只是二十二章中相关内容的换一种说法,主旨完全一样。

"企者不立,跨者不行"一句,指抬起脚后跟站立,难以站得长久;跨越着走路,难以远行。这其实是用形象的例子来说明自我夸耀的行为之不可取:抬起脚跟站立,无非是想使自己显得高些;跨越着走路,目的是想让自己走得比别人快一些。然而这样的行为都是难以持久的,其效果也只能是适得其反,所以老子说"有道者不处",即有道之人是不会这么做的。

企①者不立,跨②者不行。自见(xiàn)者不明,自是者不彰,自伐者无功,自矜者不长(cháng)③。

其在道也,曰余食④赘行⑤,物⑥或恶(wù)⑦之,故有道者不处⑧。

【注释】

①企:抬起脚后跟而立。　②跨:跨越。　③自见者不明……自矜者不长:参见二十二章。　④余食:多余的食物。　⑤赘行:一说指多余的行为;一说应作"赘形",指多出来的形体,如肉瘤之类。　⑥物:指人。一说指鬼神。　⑦恶:讨厌;憎恨。　⑧处:居。

【译文】

抬起脚后跟站立,难以站得长久;跨越着走路,难以远行。爱自我表现的人,不能明察;自以为是的人,不能得到彰显;爱自我夸耀的人,不能作出成绩;骄傲自大的人,不能长久。

从道的角度来看,它们可以说是多余的食物和赘瘤之类,让人厌恶,所以有道的人不会这么做。

二十五章

【导读】

本章主要包含以下两层意思：

一是对道的特性作了进一步的论述：它浑然一体，产生于天地形成之前；它无形无声，循环运行，是天地万物的本原；它以自然为法则。与前面关于道恍恍惚惚、捉摸不定的论述相比，有了更多可以把握的内容。

二是论述了人与道的关系。从根本上说，人当然是道的产物，不过老子认为，人产生以后，却与道同为宇宙中的"四大"之一："故道大，天大，地大，人亦大。域中有四大，而人居其一焉。"把人的地位与天、地、道相并列，可见在老子心目中，人的地位是十分崇高的。但是，老子指出，人的地位再崇高，也不能脱离或违背道而行动，而是必须以道作为自己行动的准则。

有物混成①，先天地生。寂②兮寥③兮，独立不改，周行④而不殆⑤，可以为天下母⑥。吾不知其名，强⑦字⑧之曰道，强为之名曰大⑨。大曰⑩逝⑪，逝曰远，远曰反⑫。

故道大,天大,地大,人⑬亦大。域⑭中有四大,而人居其一焉。

人法⑮地,地法天,天法道,道法自然。

【注释】

①混成:浑然一体,自然生成。　②寂:没有声音。　③寥:空虚。　④周行:循环运行。　⑤殆:通"怠",指懈怠、倦怠。　⑥母:根源;本原。　⑦强:勉强。王弼本无"强"字,据傅奕本补。　⑧字:给……取名。　⑨大:指道广大无边,无所不包。　⑩曰:则;就。　⑪逝:去;往。　⑫反:同"返",指返回本原。　⑬人:王弼本作"王",傅奕本作"人",据傅奕本改。下句的"王居其一"亦相应改为"人居其一"。　⑭域:这里指宇宙。　⑮法:效法。

【译文】

有一个浑然一体、自然生成的东西,在天地产生以前就存在。它寂静无声,空虚无形,独立存在,永不改变,循环运行,永不停息,可以成为天下万物的本原。我不知道它的名字,勉强把它取名为"道",再勉强称它为"大"。它广大无边,就不断向前发展;不断向前发展,就广阔辽远;广阔辽远,就返回到了本原。

所以道大,天大,地大,人也大。宇宙中有四种可以称为大的东西,而人是其中之一。

人效法地,地效法天,天效法道,道则以自然为法则。

二十六章

【导读】

本章提倡稳重和清静,反对轻率和躁动。

无论说话还是做事,稳重比轻率好,清静比躁动好,这是众所周知的道理,然而在具体的生活和工作中,人们却总是不能很好地遵循。所以老子以君子的行事为例来加以说明:君子长时间外出行走时,就不会离开装有物资的大车,说明君子做事总是有备而动;君子即使过着荣华的生活,也不会沉溺其中,而是使自己保持一种超脱的心境。君子如此行事,当然会使自己安然无恙,远离灾祸。据此,老子对那些为了一己私利而为所欲为的统治者提出了忠告:"奈何万乘之主而以身轻天下?"

统治者轻率地治理天下,当然会给百姓生活带来巨大的痛苦。然而,老百姓生活在水深火热之中,统治者难道就真的能安享快乐吗?"轻则失本",轻率地治理天下,其后果必将是统治者失去天下。

重①为轻②根,静为躁君。

是以君子③终日行不离辎重④。虽有荣观⑤,燕⑥处超然。奈何万乘(shèng)之主⑦而以身轻天下⑧?

轻则失本⁹,躁则失君。

【注释】

①重:稳重。　②轻:轻浮;轻率。　③君子:王弼本作"圣人",帛书甲本、傅奕本等作"君子",据之以改。　④辎重:装载物资的大车。　⑤荣观:指荣华的生活。观:台榭,楼观。　⑥燕:安。　⑦万乘之主:拥有一万辆兵车的国家的君主。乘:古代称一辆四匹马拉的兵车为一乘。　⑧以身轻天下:一说指把自身看得比天下要轻;一说指轻率地治理天下。　⑨本:一说应改为"根",以与"重为轻根"相应。

【译文】

稳重是克制轻率的根本,清静是躁动的主宰。

所以君子整天行走,不离开装有物资的大车。虽然过着荣华的生活,仍能安然处之,而且心中十分超脱。为什么拥有一万辆兵车的国家的君主,要轻率地治理天下呢?

轻率就会失去根本,躁动就会失去主宰。

二十七章

【导读】

本章主要介绍了一种特殊的智慧：袭明，意即因顺常道而具有的智慧。

老子指出，拥有这种智慧的人，行走时不会留下踪迹，不用筹策而能计算，从来不会说错话，不用门闩而能把门锁好，他捆扎的绳索别人无法打开。此外，他还能救助所有的人，使所有物品都能派上用场。

这种智慧看上去很神奇，但并非不可企及，关键是要掌握正确的方法。比如人们都赞美善人，谴责不善的人，把不善的人视为祸害。对此，老子说，其实善人和不善之人各有其用处，善人，可以作为不善之人的老师；不善之人，可为善人提供借鉴。这样一来，岂不各尽其用了吗？所以老子说，不懂得这一诀窍的人，"虽智大迷"，即虽然看上去很聪明，其实却糊涂之极。

善行，无辙迹①；善言，无瑕谪（zhé）②；善数③，不用筹策④；善闭，无关楗（jiàn）⑤而不可开；善结⑥，无绳约⑦而不可解。

是以圣人常善救人,故无弃人;常善救物,故无弃物。是谓袭⑧明⑨。

故善人者,不善人之师;不善人者,善人之资⑩。不贵其师,不爱其资,虽智大迷,是谓要妙⑪。

【注释】

①辙迹:车轮压过的痕迹。　②瑕谪:缺点;过失。　③数:计算。　④筹策:古代计算用的工具。　⑤关楗:门闩。　⑥结:捆扎;结扎。　⑦绳约:绳索。　⑧袭:一说指承袭;一说指掩藏;一说指双重。　⑨明:聪明。　⑩资:凭借的资财;借鉴的东西。　⑪要妙:精要微妙。

【译文】

善于行走的人,不会在路上留下走过的痕迹;善于言谈的人,不会说错话;善于计算的人,用不着使用筹策;善于关闭的人,即使不用门闩,别人也打不开;善于捆扎的人,即使不用绳索,别人也解不开。

因此圣人常常善于救助别人,所以没有被遗弃的人;常常善于利用物品,所以没有被废弃的物品。这叫作因顺常道而具有的智慧。

所以,善人,是不善的人的老师;不善的人,可供善人作为借鉴。不尊重自己的老师,不珍惜可供借鉴的东西,虽然看上去很聪明,实际上却是糊涂之极,这称为精要微妙的道理。

二十八章

【导读】

　　刚强和柔弱、明察和暗昧、荣耀和屈辱,你会选哪一方? 当然是刚强、明察和荣耀了。只要是一个正常人,通常都会作出这样的选择。然而,老子却告诉我们:这样的选择是不高明的,真正高明的选择,应该是选择柔弱、暗昧和屈辱。

　　为什么呢? 老子说,你只有选择柔弱、暗昧和屈辱,让自己居于低处,你才会获得永恒的德性,达到对大道的认识。

　　这样的说法当然是过于玄妙了,所以我们不妨换一种理解的方式。在刚强和柔弱之间,虽然表面上看,刚强比柔弱好,但却不能一概而论。如水与石头相比,水是柔弱的,石头是坚硬的,但是水滴却可以穿石,这就是典型的柔弱胜刚强的例子;比如英雄难过美人关,说的同样是柔能克刚的道理。在明察和暗昧之间也是如此:一个人聪明外露,常常容易遭到算计;一个人大智若愚,韬光养晦,则往往更容易获得成功。正是基于这样的认识,老子才会把甘守雌伏屈辱作为一种高明的处世哲学。

　　知其雄①,守其雌②,为天下豀(xī)③。为天下豀,常德不离,复归于婴儿。

知其白④,守其黑⑤,为天下式⑥。为天下式,常德不忒(tè)⑦,复归于无极⑧。

知其荣⑨,守其辱,为天下谷⑩。为天下谷,常德乃足,复归于朴⑪。

朴散则为器,圣人用之,则为官长⑫,故大制⑬不割⑭。

【注释】

①雄:指刚强。 ②雌:指柔弱。 ③谿:山间的小河沟;溪流。 ④白:一说指洁白;一说指明亮;一说指明白。 ⑤黑:一说指污黑;一说指暗昧;一说指糊涂。 ⑥式:一说指榜样;一说通"栻(shì)",一种古代占卜用的器具。 ⑦忒:差错;差误。 ⑧无极:这里指道。 ⑨荣:荣耀。 ⑩谷:山谷。 ⑪朴:质朴;本真。 ⑫官长:百官之长。 ⑬大制:完善的政治制度。 ⑭割:割裂。一说指伤害。

【译文】

知道什么是刚强,却安守柔弱,甘做天下的小河沟。甘做天下的小河沟,永恒的德性就不会离去,就能回归到婴儿般的纯真状态。

知道什么是明察,却安于暗昧,甘做天下的栻木。甘做天下的栻木,就不会背离永恒的德性,就能回归到道的境界。

知道什么是荣耀,却安守屈辱,甘做天下的山谷。甘做天下的山谷,永恒的德性就会充足,就能回归到质朴本真的状态。

质朴本真的东西分散后就成为具体的器物,圣人运用这些具体器物中蕴含的质朴本真的东西,就成为百官之长,所以完善的政治制度是不会割裂那质朴本真的东西的。

二十九章

【导读】

本章主要论述了无为而治的政治思想。

历史上有不少统治者往往好大喜功,他们凭借自己的主观愿望去治理国家,或政令繁多,或任意扰民。老子指出,这样的行为,最终只能以失败告终。因为天下事物丰富多彩,天下民众的性格、追求各不相同,统治者想用某个固定的模式去规范,必然要破坏事物的多样性和压抑民众的天性,所以结局只能是"为者败之,执者失之"。

那么,正确的治国之策是怎样的呢?老子的观点是:"去甚,去奢,去泰",即去除过分、奢侈和骄纵,一切顺其自然,让民众在自由的环境中,去过无拘无束的生活。

将欲取①天下而为②之,吾见其不得已③。天下神器④,不可为也。为者败之,执⑤者失之。

故物或行⑥或随⑦,或嘘⑧或吹⑨,或强或羸,或培⑩或隳(huī)⑪。

是以圣人去甚⑫,去奢⑬,去泰⑭。

【注释】

①取:夺取;占有。一说指治理。　②为:治理,这里指强力去做。　③已:语气助词。　④神器:神圣的东西。　⑤执:把持。　⑥行:前行。　⑦随:后随。　⑧歔:慢慢地呼气。王弼本作"歔",景龙本、敦煌本作"嘘",据之以改。　⑨吹:用力吐气。　⑩培:培植;增益。王弼本作"挫",傅奕本作"培",帛书乙本作"陪",据傅奕本改。　⑪隳:毁坏。　⑫甚:过分。　⑬奢:奢侈。　⑭泰:骄纵;骄恣。

【译文】

想要夺取天下并按自己的意图勉力去治理它,我看他是不可能达到目的的。天下是神圣的东西,不能按自己的意图去摆布它。想按自己的意图去摆布,必然会把天下搞乱;想要把持它,就会失去它。

所以世间万物有的前行,有的后随;有的慢慢呼气,有的急速吐气;有的强壮,有的羸弱;有的增益,有的毁坏。

所以圣人去除过分、奢侈和骄纵。

三十章

【导读】

本章论述了与军事相关的一些问题,主要包含以下两个方面的内容:

一是反对轻易发动战争。因为战争必然会导致人力物力的极大消耗,给人们的生活带来巨大的灾难,所谓"师之所处,荆棘生焉。大军之后,必有凶年",指的就是战争造成破坏的情形。所以除非迫不得已,不要轻启战端。

二是战争取得胜利后,要有正确的态度,不能因此而自我夸耀、趾高气扬,而要认识到战争本来就是不得已的,获胜并不是一件多么光彩的事情,从而低调地对待胜利。

以道佐①人主者,不以兵强②天下。其事好还③。师④之所处,荆棘生焉。大军之后,必有凶年⑤。

善有果⑥而已,不敢以取强。果而勿矜⑦,果而勿伐⑧,果而勿骄,果而不得已,果而勿强。

物壮⑨则老,是谓不道⑩,不道早已⑪。

【注释】

①佐:辅助。　②强:逞强。　③还:还报;报应。
④师:军队。　⑤凶年:荒年。　⑥果:成功;胜利。
⑦矜:自夸;骄傲自大。　⑧伐:夸耀。　⑨壮:壮盛。
⑩不道:不合乎道。　⑪早已:早亡;早死。

【译文】

用道辅佐君主的人,不靠武力逞强于天下。运用武力很容易受到报应。军队驻扎过的地方,荆棘丛生。大战过后,一定会有荒年。

善于用兵的人,只要取得胜利就是了,不敢凭借武力来逞强。获胜而不自以为是,获胜而不自我夸耀,获胜而不骄傲自大,获胜而认为是出于不得已,获胜而不逞强。

事物发展到壮盛就走向衰老,这是不合乎道的,不合乎道就会早亡。

三十一章

【导读】

本章承续上章,继续论述与军事相关的思想。其主旨仍是反对战争,但具体论述上则更为深入,主要表现在以下两点:

一是说明战争取得胜利后不应感到得意高兴,因为战争是杀人的事,如果你为取得胜利而得意高兴,就说明你这个人喜欢杀人,而一个喜欢杀人的人是不可能有好结果的。

二是既然战争获胜后不应感到得意高兴,那就应该感到悲痛,所以老子明确地说:"杀人之众,以悲哀泣之,战胜以丧礼处之。"老子的观点无疑是有道理的,但是要让战场上的胜利者获胜后不加庆祝,也是很难做到的事情。

夫兵①者,不祥之器,物②或恶(wù)③之,故有道者不处。

君子居④则贵左,用兵则贵右。兵者不祥之器,非君子之器,不得已而用之,恬淡为上。胜而不美,而美之者,是乐杀人。夫乐杀人者,则不可以得志于天下矣。

吉事尚⁵左，凶事尚右。偏将军居左，上将军居右，言以丧礼处之。杀人之众，以悲哀⁶泣⁷之，战胜以丧礼处之。

【注释】

①兵：武器；兵器。王弼本"兵"前有"佳"字，帛书甲、乙本均无，据之以删。　②物：指人。一说指鬼神。　③恶：讨厌；憎恨。　④居：平时。　⑤尚：推崇；崇尚。　⑥悲哀：王弼本作"哀悲"，河上公本、傅奕本等均作"悲哀"，据之以改。　⑦泣：一说指哭泣；一说应作"莅（lì）"，指对待。

【译文】

兵器是不吉祥的东西，令人厌恶，所以有道之人不使用它。

君子平时以左为贵，用兵时则以右为贵。兵器是不吉祥的东西，不是君子使用的器物，只是在不得已时才用它，要以恬静淡泊为上。获胜后心中不要得意，如果因为胜利而得意，那就是爱好杀人。爱好杀人的人，是不能在天下实现自己的愿望的。

吉庆之事推崇左方，凶丧之事推崇右方。偏将军位于左侧，上将军位于右侧，说的是按照丧礼来对待用兵打仗之事。杀人众多，要以悲哀的心情来对待；打了胜仗，要按照丧礼来处理。

三十二章

【导读】

本章论述了道的特性和侯王能够守道的好处。

关于道的特性,前面已经讲了不少,这里进一步展开说明,主要有两点:一是道质朴无形,但是天下没有什么东西能让它臣服;二是道自然而然地使天下的一切井井有条,正如天地间降下甘霖,分布极其均匀,却没有谁去下达命令一样。

既然道的作用如此之大,作为人间的统治者——侯王,当然就应该效法道的特性,不强作强为,一切顺从百姓的自然之性,从而使百姓自动宾服。

道常①无名、朴。虽小②,天下莫能臣③。侯④王若能守之,万物将自宾⑤。

天地相合,以降甘露⑥,民莫之令而自均。

始制⑦有名,名亦既有,夫亦将知止⑧,知止可以不殆⑨。

譬道之在天下,犹川谷之于江海。

【注释】

①常:永恒。　②小:隐微;幽微。　③臣:臣服。王弼本"臣"后有"也"字,帛书乙本、傅奕本等均无"也"字,据之以删。　④侯:君主。　⑤自宾:自己宾服、服从。　⑥甘露:甜美的雨露。　⑦制:一说指兴作;一说指制造;一说指分割。　⑧止:限度;界限。　⑨殆:危险。

【译文】

道永远是无名、质朴的。虽然隐微无形,天下却没有谁能让它臣服。侯王如果能守住它,万物将自动宾服。

天地间的阴阳之气相合,就降下甜美的雨露。人们没有谁去命令它,却自然分布均匀。

万物出现后,就有了各种名称,既然有了名称,也就要知道各自的界限,知道界限可以避免发生危险。

道在天下的存在,就如同江海与川谷之间的关系一样。

三十三章

【导读】

本章主要论述了一个成功人士所应具有的修养和行事原则,包括既要知人,又要自知;既要胜过别人,又要能战胜自己;要有知足的心态,努力行事的意志,保持自己本性的原则;等等。这其中,最值得我们注意的是"自知者明"和"自胜者强"。

"自知者明",即能认识自己的人才可谓明智。在日常生活中,人们往往是长于知人而拙于自知的。比如我们常常会品评人物,对别人说长道短,尤其是对别人的短处,常常会抓住不放,可是却很少去想自己有没有类似的短处。有时候偶尔意识到了自己有某方面的缺陷,却往往原谅自己,为自己的缺陷找种种借口进行开脱。这就是典型的不能"自知"。而不能自知的后果,便是在生活和工作中不断重复地犯错误而无法前进。

"自胜者强",即能战胜自己的人才是强者。通常情况下,我们把在竞争中能战胜别人的人称为强者。然而老子认为,光能战胜别人,还称不上真正的强者,只有能战胜自己的人,才能称为强者。个中道理其实很好理解。在生活中,我们有时会为一些小事而生气发怒,无法自控;某些内心的欲望冲动,明明知道不应该,却仍然克制不住。这些都是典型的不能"自胜"的表现。由此可见,一个人想要做到"自胜"是多么的不易。而一个能切实做到"自胜"的人,也必然能成为真正的强者。

知人者智,自知者明。
胜人者有力,自胜者强。
知足者富。
强行①者有志。
不失其所②者久。
死而不亡③者寿。

【注释】

①强行:勉力实行。　　②所:处所,比喻本性。　　③不亡:一说指精神不亡;一说指不被忘却(亡:通"忘");一说指不亡失道。

【译文】

了解别人的人有智慧,认识自己的人可谓明智。
战胜别人的人有力量,战胜自己的人才是强者。
知道满足的人富有。
顽强去做的人有志气。
不迷失其本性的人能够长久。
肉体死亡而道不亡失的人才算长寿。

三十四章

【导读】

本章继续论述道的特性,主要包括三个方面:一是道广泛流行,无处不在;二是道长养万物,却从不居功;三是道从不自认为伟大,却最终成就了它的伟大。这其实是从人的角度来论述道,因为人常常喜欢居功自傲,喜欢追求卓越伟大。老子则告诫人们:道造福万物,是万物的主宰,却从不居功;而正是因为道从不居功,成就了它的伟大,因此人应该效仿道。

大道泛①兮,其可左右。万物恃之以②生而不辞③,功成不名有。衣养④万物而不为主,常无欲,可名于小⑤;万物归焉而不为主,可名为大⑥。以其终不自为大,故能成其大。

【注释】

①泛:广泛;普遍。　②以:王弼本作"而",傅奕本、景龙本等作"以",据之以改。　③辞:推辞;拒绝。　④衣养:

养育。　　⑤小：指道精微无形。　　⑥大：指道的作用巨大，德性伟大。

【译文】

　　大道广泛流行啊，它可左可右，无处不到。万物都依靠它生长，它从不加以推辞；功业成就了，也不称自己有功。养育万物而不自以为是万物的主宰，永远没有什么欲望，可以称为"小"；万物都归附于它而不自以为是万物的主宰，可以称为"大"。因为它始终不自认为伟大，所以能成就它的伟大。

三十五章

【导读】

本章主要论述道的特性,包含两层意思:一是道无形无声:"视之不足见,听之不足闻",这与第十四章"视之不见,名曰夷;听之不闻,名曰希"的论述近似;二是说明了掌握大道以后,就可以使天下之人前来归附。

本章中有意味的是"乐与饵,过客止"一句,意即音乐与美食,可以使过往的客人停下脚步。音乐的特点是听了悦耳,美食的特点是滋味可口,这与道的"听之不足闻""淡乎其无味"恰成对比。通过这种对比,老子是想告诉人们:音乐和美食虽能让客人停下脚步来留意,但是其作用毕竟有限,它们无法与道的"用之不足既",即用起来没有穷尽相比较。

执大象①,天下往。往而不害,安②平③太④。

乐⑤与饵⑥,过客止。道之出口,淡乎其无味,视之不足⑦见,听之不足闻,用之不足既⑧。

【注释】

①大象:大道。　②安:乃;于是。　③平:平和。　④太:同"泰",指安宁。　⑤乐:音乐。　⑥饵:指美味的食物。　⑦足:这里指可、能。　⑧既:尽。

【译文】

掌握了大道,天下的人都会来归附。对前来归附的人不伤害,就会平和而安宁。

音乐与美食,能使过往的客人停下脚步。对道的口头表述,则让人觉得淡而无味,看它看不见,听它听不到,用起来却没有穷尽。

三十六章

【导读】

本章主要包含以下两层意思：

一是揭示了自然界和人类社会中的一个特殊的规律，即事物在向某个目标发展的时候，往往会在某个时间段出现与该趋势相反的现象，如花在凋谢前会热烈绽放，人在临死前会回光返照，等等。老子把此总结为"将欲歙之，必固张之……将欲夺之，必固与之"，并称之为"微明"，即道理隐微而效果显明。

老子的这一总结当然是十分深刻的，是对事物发展规律的客观反映。然而，老子的这一认识却往往被认为是一种阴谋诡计，因为在中国历史上，我们可以发现大量的实例，如越王勾践卧薪尝胆、军事行动中的诡诈权谋，都是为了达到战胜对手的目的而先制造某种对对方有利的假象。对此，我们必须强调的是，在老子那里，"将欲歙之""将欲弱之"等的主语是天地自然，所以它与阴谋论无关。只有把主语替换成"人"，才会造成某种阴谋论的解读。

二是明确提出了"柔弱胜刚强"的思想。类似的思想在第二十八章中已经提出，如"知其雄，守其雌""知其荣，守其辱"等，说明它是老子一贯的思想，体现了老子哲学的特色。

将欲歙(xī)①之,必固②张③之;将欲弱之,必固强之;将欲废之,必固兴④之;将欲夺之,必固与之。是谓微明⑤。

柔弱胜刚强。鱼不可脱于渊,国之利器⑥不可以示⑦人。

【注释】

①歙:收敛;闭合。　②固:通"姑",指姑且、暂且。一说指一定、必定。　③张:张开;扩张。　④兴:举;推举。一说应作"举"。　⑤微明:隐微而显明,即道理十分隐微而效果十分显明。　⑥国之利器:指国家的武力、赏罚、谋略等。　⑦示:显示;炫耀。

【译文】

想要闭合它,一定要暂且让它张开;想要削弱它,一定要暂且让它变强;想要废弃它,一定要暂且推举它;想要夺取它,一定要暂且给予它。这叫作道理隐微而效果显明。

柔弱胜过刚强。鱼不能离开深渊,国家的武力、赏罚、谋略等关键的东西不能让别人知道。

三十七章

【导读】

本章要求统治者遵循道的特性来治理天下。

道的特性是"无为而无不为",即看上去无所作为,但实际上一切都是它所起的作用。按照这一特性来治国,便是统治者采取无为而治的治国策略,一切顺乎自然,不扰民,不搞运动。只有当百姓的贪欲过盛时,才会设法用质朴之道来加以引导,使百姓回归到少私寡欲的状态。而只要老百姓没有贪欲,天下也就自然安定了。

道常无为①而无不为②。侯王若能守之,万物将自化③。化而欲作④,吾将镇⑤之以无名之朴⑥。无名之朴,夫亦将无欲。不欲以⑦静,天下将自定。

【注释】

①无为:无所作为。因道顺乎自然而为,因此看上去没有任何作为。　②无不为:没有什么不是它所为。　③化:生长;化育。　④欲作:欲望产生。　⑤镇:使安定。　⑥无名之朴:道的质朴。无名:指道。　⑦以:而。

【译文】

道永远看上去无所作为,却没有什么不是它所为。侯王如果能持守它,万物将自己生长变化。在生长变化的过程中产生了贪欲,我将用道的质朴来使它安定。用道的质朴来使它安定,它也就不会产生贪欲。不产生贪欲而变得宁静,天下将会自己趋于安定。

三十八章

【导读】

本章集中论述了道、德、仁、义、礼之间的关系。

在老子看来,道的特点是无为而无不为;德是道的体现,它的特点是"无为而无以为",即无所作为,且不刻意去有所作为;仁的特点是有所作为,但不刻意去有所作为;义的特点是有所作为,且刻意去有所作为;礼的特点是有所作为,而且强迫别人去有所作为。这样,就从无所作为、有所作为,不刻意无所作为、刻意无所作为,刻意去有所作为,强迫别人去有所作为的角度,把道、德、仁、义、礼的高下等级作了明确的区分,从而得出了"失道而后德,失德而后仁,失仁而后义,失义而后礼"的结论。

从上可以看出,礼的层次是最低的,所以老子对礼作出了猛烈的抨击:"夫礼者,忠信之薄,而乱之首。"把礼视作祸乱的根源,可见老子对礼是多么的深恶痛绝了。

上德不德①,是以有德;下德不失德,是以无德。
上德无为而无以②为,下德为之而有以为。
上仁为之而无以为,上义为之而有以为。

上礼为之而莫之应③,则攘(rǎng)臂④而扔⑤之。

故失道而后德,失德而后仁,失仁而后义,失义而后礼。

夫礼者,忠信之薄⑥,而乱之首。

前识者⑦,道之华⑧,而愚之始。是以大丈夫处其厚⑨,不居其薄⑩;处其实,不居其华。故去彼取此。

【注释】

①不德:一说指不自恃有德;一说指不追求仁德;一说指不在乎形式上的德。　②以:有目的;故意。　③应:响应;回应。　④攘臂:捋(luō)袖露臂。　⑤扔:引;用强力牵拽。　⑥薄:薄弱;不足。　⑦前识者:一说指有先见之明的人(这里指制定礼义的人);一说指先见之明,"者"无义,作提顿用。　⑧华:虚华;浮华。　⑨厚:敦厚;淳厚。　⑩薄:浇薄。

【译文】

德行高的人不刻意追求德,所以有德;德行低的人努力使自己不失去德,所以反而没有德。

德行高的人无所作为,而且也不刻意去有所作为;德行低的人有所作为,而且刻意去有所作为。

最仁爱的人有所作为,但不刻意去有所作为;最重义的人有所作为,而且刻意去有所作为。

最重礼的人有所作为,而当别人没有回应时,就捋起袖子,露出胳膊,硬拽着别人服从。

所以失去了道,然后才有德;失去了德,然后才有仁;失去了仁,然后才有义;失去了义,然后才有礼。

礼这个东西,标志着忠信不足,而且是祸乱的开端。

那些有先见之明者制定的礼义规范,只不过是对道的虚假的反映,而且是愚昧的开始。因此,大丈夫处身于淳厚,而不居于浇薄;处身于朴实,而不居于虚华。所以舍弃浇薄虚华而采取淳厚朴实。

三十九章

【导读】

本章主要包含以下两层意思:

一是从正反两个方面论述了得道的重要性:从正面来说,天得到道就清明,万物得到道就能生长,侯王得到道就成为天下的主宰,等等;从反面来说,天失去了道就会崩裂,万物失去了道就会灭绝,侯王失去了道就会亡国,等等。

二是从贵与贱、高与下的矛盾对立中,认识到低贱是高贵的根本,下是高的基础,因此,就必须守住这个根本和基础,也就是必须重视低贱和低下。把这个道理推广到社会领域,就是要认识到,侯王虽然高贵,但是离开了普通民众,他的高贵就无从谈起。所以侯王要谦虚、居下,表现在称呼上便是自称孤、寡、不谷;表现在对荣誉的追求上,便是不要去追求荣誉,因为过多的荣誉会使你最终失去荣誉。这正如有的独裁者在台上时天天有人吹捧拥戴,一旦失势,立刻陷于万劫不复之渊。

昔之得一①者:天得一以清,地得一以宁,神得一以灵,谷②得一以盈,万物得一以生,侯王得一以为天下正③。

其致④之也⑤,天无以清,将恐裂;地无以宁,将恐发⑥;神无以灵,将恐歇⑦;谷无以盈,将恐竭;万物无以生,将恐灭;侯王无以贵高,将恐蹶⑧。

故贵以贱为本,高以下为基。是以侯王自谓孤、寡、不谷⑨。此非以贱为本邪?非乎?故致⑩数⑪舆⑫无舆。不欲琭(lù)琭⑬如玉,珞(luò)珞⑭如石。

【注释】

①一:指道。　②谷:河谷。　③正:一说指主;一说指安。王弼本作"贞",帛书甲、乙本等均作"正",据之以改。④致:推;推导。　⑤也:王弼本无"也"字,帛书甲、乙本等有"也"字,据之以补。　⑥发:通"废",指崩陷。　⑦歇:消失。　⑧蹶:颠覆;灭亡。　⑨不谷:侯王的自我谦称。⑩致:招致。　⑪数:过多。　⑫舆:通"誉",指荣誉。一说指车。　⑬琭琭:珍贵。　⑭珞珞:石头坚硬的样子。

【译文】

自古以来得到道的:天得到道而清明,地得到道而安宁,神得到道而灵通,河谷得到道而盈满,万物得到道而生长,侯王得到道而成为天下的主宰。

推广言之,天不能清明,恐怕就会崩裂;地不能安宁,恐怕就会崩陷;神不能灵通,恐怕会消失;河谷不能盈满,恐怕会干涸;万物不能生长,恐怕会灭绝;侯王不能保持其高贵的地位,恐怕会亡国。

因此,贵以贱为根本,高以下为基础。所以侯王自称为孤、寡、不谷。这不正是以贱为根本吗?难道不是吗?所以想得到过多的荣誉反而会没有荣誉。不愿像玉那样珍贵,也不愿像石头那样坚硬。

四十章

【导读】

本章文字很少,但包含的思想却十分丰富。

首先是"反者,道之动",意即道的运动方式是循环往复。为什么这么说呢?因为在老子看来,任何事物都是对立统一的,如高和下、强和弱、大和小等等,事物的发展便是从一端出发,向另一端运动;等到达极端时,物极必反,便会转向另一端运动。这种概括是科学的,但是还不够全面。因为事物的发展虽然表现为循环往复,但这种循环往复并非完全重样的周而复始,而是在不同层面的周而复始,按照现代的话来说,就是螺旋式上升。

其次是"弱者,道之用",意即柔弱是道发挥作用的特征。按照老子的观点,道的作用是无为而无不为,即看上去无所作为,但实际上却一切均是它所为。道发挥作用的这一特征,老子用"弱"即柔弱来表示,是十分恰当的,因为柔弱的东西让我们感受不到压力,它的作用也是"润物细无声"般的自然。

最后是万物与有无的关系。老子明确地说"有生于无",指出了无比有更为根本。在第一章中,也有关于"有"与"无"的论述,可参见该章的导读。

反①者,道之动;弱②者,道之用③。
天下万物生于有④,有生于无⑤。

【注释】
①反:同"返",指循环往复。　②弱:柔弱。　③用:作用;功用。　④有:指道化生万物的状态,也指万物的共性,即存在。　⑤无:指道的无形质的状态。

【译文】
循环往复,是道的运动方式;柔弱,是道发挥作用的特征。天下万物从"有"中产生,"有"从"无"中产生。

四十一章

【导读】

本章主要包含以下两层意思：

一是不同层次的人与道的关系。因为老子的道玄妙莫测，无法用语言彻底表达清楚，所以不同的人听了关于道的描述后，会有不同的反应：上等的士人因为充满智慧，所以听说道后，会马上付诸实践；中等的士人因为智慧有所欠缺，所以听说道后，会半信半疑；下等的愚昧之人听说道后，会认为道荒诞无稽，所以会加以嘲笑。

二是说明了透过现象抓住本质的重要性。在现实生活中，人们往往相信眼见为实，所以容易为眼前的状况所迷惑，而看不到事情的实质。如一个人为人谦卑，往往是他有高尚的德行，可是普通人却会因此瞧不起他；如一个人拼命奋斗，却未见成功，普通人会因此视之为失败人士，却不知道巨大的成功往往会在人付出多年的心血后取得；如有的事情越做越难，这往往是取得成功的征兆，普通人却会因此知难而退，功亏一篑；……此即老子所说的"上德若谷""大器晚成""进道若退"，等等，这些道理，对于我们在生活和工作中克服短视行为，取得真正的成功，具有重要的指导意义。

当然，以上两层意思也可视作一层意思，因为下等之士之所以听说道后对之加以嘲笑，也与他们不能理解道的实质有关。

上士^①闻道,勤而行之;中士闻道,若存若亡;下士闻道,大笑之。不笑,不足以为道。

故建言^②有之:明道若昧,进道若退,夷^③道若纇(lèi)^④;上德若谷,大白若辱^⑤,广德若不足,建^⑥德若偷^⑦,质真若渝^⑧;大方无隅^⑨,大器晚成;大音希声^⑩,大象无形,道隐无名。

夫唯道,善贷^⑪且成。

【注释】

①士:古代对男子的美称,通常指下层贵族和知识分子。
②建言:立言。　③夷:平坦。　④纇:崎岖不平。
⑤辱:通"黩(rǔ)",指黑垢。　⑥建:通"健",指刚健。
⑦偷:苟且;怠惰。　⑧渝:改变;背弃。　⑨隅:方角。
⑩希声:无声。　⑪贷:施;给予。

【译文】

上等的士人听说了道,就努力去践行;中等的士人听说了道,半信半疑;下等的士人听说了道,因觉得荒唐而哈哈大笑。不被下等的士人嘲笑,就不足以称为道。

所以有人为我们留下了这样的话:光明的道好像很暗昧,前进的道好像后退,平坦的道好像崎岖不平;最高尚的德行好像低下的川谷,最洁白的东西好像有黑垢,博大的德行好像存在欠缺,刚健的德行好像苟且懈怠,质朴纯真好像变化无常;最方正的东西好像没有方角,最贵重的器物总是最后完成;最响亮的声音无法听到,最大的形象看不到形体,大道隐微而没有名称。

只有道,善于施与并且成就万物。

四十二章

【导读】

本章集中反映了老子的宇宙生成论思想,它告诉我们,宇宙万物均是由道经过一定的步骤产生的,这个步骤就是"道生一,一生二,二生三,三生万物"。老子的这句话在中国思想史上有巨大的影响,然而,关于这句话的确切意思,一直存在较大的争议,而其中的关键之点,又在于对句中的"三"字究竟该如何理解。

较为通行的观点有二:一种认为"三"指阴气、阳气与和气,和气即阴阳二气的中和状态(把"二"理解成阴和阳两种物质或性质,已几成定论)。但是我认为,阴气和阳气是两种物质,阴气和阳气的中和状态则不能看成是能与阴、阳相提并论的第三种物质,因为它只不过反映了阴气和阳气的一种比例状况,所以把"三"理解为阴气、阳气与和气是站不住脚的。另一种认为"三"指天、地、人。在中国古代思想中,确实一直把天、地、人称为"三才",因此,如果单纯地看,把"三"理解成天、地、人并无不妥,但问题出在接下来的"三生万物",因为人属万物之一,把人看作是万物的生成者,这无疑是不妥的。

所以,关键的问题是要破除把"三"理解成三种物质的惯性思维,而更多地把它理解成一种步骤(但又不仅仅指步骤)。具体说来,"道生一",既包含由道产生一个元始的混沌体的意思,又包含道第一步产生一个元始的混沌体的意思;"一生二",既包含由元始的混沌体产生阴和阳的意思,又包含道第二步产生了阴和阳的意思。同理,"二生三",既包含由阴和阳产生"三"的意思,又包含道第三步产生了"三"的意思。那么这个"三"指什么呢?由"三生万物"可知,这个"三"既指第三步,又指天地,因为天地生万物,早已是人们的共识。所以,我认为,把"三"的具体内容理解为天地,而不是执着于把它理解为三种物质,则上述问题均可迎刃而解。

最后需要指出的是,有学者认为,本章的最后一段文字与本章主旨不合,应删。

道生一①,一生二②,二生三③,三生万物。
万物负阴而抱阳④,冲气⑤以为和⑥。
人之所恶(wù)⑦,唯孤、寡、不谷⑧,而王公以为称。故物或损之而益,或益之而损。人之所教,我亦教之。强梁⑨者不得其死,吾将以为教父⑩。

【注释】

①一:一说指道;一说指元始的混沌体。　②二:指阴和阳。一说指天和地。　③三:一说指阴气、阳气与和气;一说指天地;一说指由阴阳二气相合产生的第三者。　④负阴而抱阳:一说指背阴而向阳;一说指蕴含着阴和阳两个方面。⑤冲气:指阴阳二气相互激荡。　⑥和:一说指阴阳二气合和的状态;一说指由阴阳二气产生的和气。　⑦恶:讨厌;憎恨。　⑧不谷:侯王的自我谦称。　⑨强梁:强横霸

道。　⑩教父：教戒的开始。父：同"甫"，指开始。

【译文】
　　道产生出一个元始的混沌体，由这个混沌体产生出阴和阳，由阴和阳产生出天地，由天地产生出万物。
　　万物都蕴含着阴和阳两个方面，阴阳二气互相激荡而进入和谐统一的状态。
　　人们所厌恶的，就是孤、寡、不谷，王公却用它们来自称。所以事物有时减损它反而得到增益，有时增益它反而造成减损。别人用来教导的，我也用它来教导。强横霸道的人不得好死，我将把它作为教戒的开始。

四十三章

【导读】

本章主要强调了无为的好处。

为了说明无为的好处,老子举了两个例子:一是最柔软的东西却可以在天下最坚硬的东西中出入穿行,如水可在坚硬的岩石间穿行,滴水可穿石;二是没有形体的东西可以进入没有间隙的东西中,如气体可在坚硬的金属体中存在与运动。这两个例子都是十分典型的,用来说明无为的好处可谓恰当之极。

既然知道了无为的好处,就要在具体的生活和工作中实行。把它实施到国家治理中,便是要实行"不言之教",即不用言语的教化,也就是统治者不以自己的主观愿望或私欲来发号施令。

天下之至柔,驰骋①天下之至坚。无有②入无间③,吾是以知无为之有益。

不言之教,无为之益,天下希④及⑤之。

【注释】

①驰骋:一说指驾驭、驱使;一说指战胜;一说指自由奔驰。

②无有:指没有形体的东西。　③无间:没有间隙的东西。
④希:通"稀",少。　⑤及:赶上。

【译文】

天下最柔软的东西,可以在天下最坚硬的东西中出入穿行。没有形体的东西可以进入没有间隙的东西中,我因此知道无所作为的好处。

不用言语的教化,无所作为的好处,天下很少有能赶上它们的。

四十四章

【导读】

本章主要论述了如何对待生命与名声、财富关系的问题。

若是问一个人：生命与名声、财富哪一个更重要："名与身孰亲？身与货孰多？"几乎所有的人都会说：生命更重要。然而，在现实生活中，却又存在大量为了名声和财富而不顾生命的例子。如有的人为了谋利而不惜以身犯险，有的人为了获取富贵而不顾健康安危，等等。之所以会产生这样的情况，是因为人生活在社会中，追求一定的名声、地位和财富，本来就是无可厚非的事情，问题出在有些人为了名声、财富而不惜生命，这样做就本末倒置了。所以老子告诉我们："知足不辱，知止不殆"，即知道满足就不会受到侮辱，知道适可而止就不会遭遇危险。因此，知足和知止，就是我们对待生命和名声、财富的正确态度。

名与身孰亲？身与货孰多①？得与亡孰病②？
甚爱③必大费，多藏必厚④亡。
故知足不辱，知止不殆，可以长久。

【注释】

①多:贵重;重要。　②病:危害。　③甚爱:过分爱惜。王弼本"甚爱"前有"是故"二字,帛书甲本、河上公本无此二字,据之以删。　④厚:重;大。

【译文】

名声与生命,哪一个更可亲?生命与财货,哪一个更重要?得到与失去,哪一个更有害?

过分爱惜必然会造成巨大的耗费,收藏得过多必然遭受惨重的损失。

所以,知道满足,就不会受到侮辱;知道适可而止,就不会遭遇危险,这样就能保持长久。

四十五章

【导读】

本章列举了成与缺、盈与虚、直与屈、巧与拙、辩与讷五对矛盾,指出,当事物发展到极致的时候,往往会显示出与该事物对立的性质:最灵巧的东西好像十分笨拙,最雄辩的人好像说话十分迟钝,最充盈的东西好像十分空虚……但是,这里的笨拙、迟钝、空虚都是假象,我们必须透过此假象,才能把握事物的实质。类似的观点在第四十一章中已有表述,如"进道若退""大白若辱""大音希声""大象无形"等。

文中"清静为天下正"的观点,意即清静可以做天下的统治者,是老子无为而治思想的另一种形式的表达,故人们往往把清静与无为结合在一起,而称老子的治国思想为"清静无为"。

大成①若缺,其用不弊②。
大盈若冲③,其用不穷。
大直若屈④,大巧若拙⑤,大辩若讷(nè)⑥。
躁⑦胜寒,静胜热。清静为天下正⑧。

【注释】

①成:圆满;完善。　②弊:衰败;衰竭。　③冲:空虚。
④屈:弯曲。　⑤拙:笨拙。　⑥讷:说话迟钝。
⑦躁:躁动。　⑧正:官长。

【译文】

最圆满的东西好像存在欠缺,它的作用却不会衰竭。

最充盈的东西好像非常空虚,它的作用却不会穷尽。

最正直的东西好像弯弯曲曲,最灵巧的东西好像十分笨拙,最雄辩的人说话好像十分迟钝。

疾速运动可以抵御寒冷,平心静气能克服炎热。清静无为可以做天下的统治者。

四十六章

【导读】

本章主要论述老子对战争的态度。在老子看来,只要发生战争,就是天下政治不清明的表现,因为只要天下政治清明,是不会发生战争的:"天下有道,却走马以粪。"这种观点,无疑是极其正确的。有不少学者因此批评老子否定正义的战争,这是极不恰当的,因为老子在此讨论的是战争起因的问题,并未涉及战争正义与否的问题。

"祸莫大于不知足,咎莫大于欲得",说明了知足与寡欲的重要性,类似的思想在第四十四章中也有表述:"知足不辱,知止不殆,可以长久。"有些学者认为这是老子专门指出战争的原因是统治者不知足、充满私欲,似存在偏颇。因为任何人不知足、贪得无厌,都会带来灾祸,不仅仅限于统治者。

天下有道,却①走马②以粪③。天下无道,戎马④生于郊⑤。

祸莫大于不知足,咎⑥莫大于欲得。故知足之足,常足矣。

【注释】

①却:退。　②走马:奔跑的战马。走:奔跑。　③粪:粪田,指耕种田地。　④戎马:战马。　⑤生于郊:在郊外生下马驹。　⑥咎:罪过。

【译文】

天下政治清明,就把奔驰的战马退回去耕种田地。天下政治不清明,怀孕的战马因为参战而只好把马驹生于郊外。

没有比不知道满足更大的祸患,没有比贪得无厌更大的罪过。所以,知道满足的这种满足,才是永远的满足。

四十七章

【导读】

老子在本章中提出了一种特殊的认识方法。

通常说来,要认识外部事物,就必须与外部事物相接触,通过对外部事物的考察,来了解它的特性或规律。老子提出的方法则与此相反,他说圣人足不出户就可以知道天下的事情,即可以"不行而知,不见而名"。而且,如果你与外部事物接触越多,对它的了解反而会越来越少。

这究竟是一种怎样的认识方法呢?老子在这里没有明说,所以必须考察老子的思想体系才能得出答案。大家知道,老子思想的核心是道,道的特性是若有若无,恍恍惚惚,听不见摸不着,只有人们静心反观,达到无思无虑的状态,道才会呈现出来。而人们一旦把握了这个道,用它来指导自己的行动,便会无往而不顺。所以,老子这里所讲的认识方法,指的是认识道的方法,而不是认识某个具体事物的方法。

不出户,知天下;不窥牖(yǒu)①,见天道。其出弥②远,其知弥少。

是以圣人不行而知,不见而名③,不为而成。

【注释】

①牖:窗。　②弥:更加。　③名:通"明",指明白。一说应改为"明"。

【译文】

不用出门,就能知道天下的事情;不看窗外,就能把握自然界的规律。出门越远,知道的东西就越少。

所以圣人不用出行就能知道事情,不用眼见就能明白一切,不用作为就能取得成功。

四十八章

【导读】

本章承接上章，明确指出认识道的方法与认识具体事物的方法不同："为学日益，为道日损。"即追求学问，知识会一天天增加；追求对大道的体悟，需要不断减少自己的欲望。而等到欲望减少至极端时，就会达到"无为"即无所作为的境地；一旦达到了无为的境地，你就会达到对道的体悟；而有了对道的体悟，用道来指导自己的行动，你就会"无不为"即无所不为。"无为而无不为"，这是老子思想中的重要命题，述说的正是把握了大道以后达到的境界。

既然达到无为之境后就可以无不为，以此来指导统治者对天下的治理，便是要行不言之教，不妄生事端，不骚扰民众，所以老子说"取天下常以无事"。

为学①日益，为道②日损。损之又损，以至于无为。无为而无不为。取③天下常以无事④，及其有事，不足以取天下。

【注释】

①为学:求学;追求学问。　②为道:求道;体悟大道。
③取:治理。一说指轻易获得。　④无事:不妄生事端。

【译文】

追求学问,知识一天天增加;追求大道,欲望一天天减少。减少了再减少,一直到无所作为的境地。能达到无所作为的境地,便能无所不为。治理天下不能妄生事端,如果人为地制造事端,就不配治理天下了。

四十九章

【导读】

本章讲述圣人(即统治者)应该如何治理民众,包含以下三个方面的内容:

一是统治者治理民众时要抛弃自己的主观成见,体察民意,以民众的所思所想作为自己制定政策的依据,即所谓"以百姓心为心"。

二是要无私地包容民众。一个国家中的民众,无论善良的还是不善良的,诚信的还是不诚信的,都是统治者治下的民众,所以对所有人都要大度包容;同时还要引导不善良的人变得善良,不诚信的人变得诚信。

三是要以大道的浑厚质朴为原则,引导百姓回归到婴儿般纯真的状态。

圣人恒无心①,以百姓心为心。
善者,吾善之;不善者,吾亦善之,德②善。
信者,吾信之;不信者,吾亦信之,德信。
圣人在天下,歙(xī)歙③焉,为天下浑④其心。百姓皆注其耳目⑤,圣人皆孩之⑥。

【注释】

①恒无心:一说永远没有私心;一说永远没有主观成见。王弼本作"无常心",帛书乙本作"恒无心",据之以改。　②德:通"得",指得到。　③歙歙:不偏执的样子。一说指收敛、谨慎的样子。　④浑:浑厚。　⑤百姓皆注其耳目:王弼本无此句,据河上公本、傅奕本补。注其耳目:一说指关注自己的耳目欲望;一说把耳目视听都投注到圣人身上。　⑥孩之:一说指当作孩子看待;一说指回复到婴儿状态;一说"孩"借为"阂(hé)",指闭塞。

【译文】

圣人永远没有主观成见,他把百姓的心理作为自己的心理。

善良的人,我善待他;不善良的人,我也善待他,从而使人们都变得善良。

诚信的人,我信任他;不诚信的人,我也信任他,从而使人们都变得诚信。

圣人在治理天下时,并不偏执于什么,他使天下人的心都变得浑厚。百姓都关注自己的耳目欲望,圣人让他们都回到婴儿般纯真的状态。

五十章

【导读】

本章主要论述了如何养生的问题。

老子指出,人自从生下来,便面临种种死亡的威胁。其中有十分之三的人得以长寿;十分之三的人夭折了;另有十分之三的人,本应该长寿的,但因为养生不得法而死亡;只有十分之一真正善于养生的人,兕虎无法伤害他们,兵刃无法砍削他们,因为他们身上没有可以致死的地方。

值得我们注意的是最后这十分之一善于养生的人,他们神通广大,竟然没有什么东西能够伤害他们,这样的人在现实生活中当然是不存在的。然而,老子认为,那些真正得道的人便能达到这种境界。老子的这一思想为以后的道教所继承,成为道教神仙的重要特征。

出生入死①。生之徒②,十有三;死之徒③,十有三;人之生,动④之死地,亦十有三。夫何故?以其生生⑤之厚。

盖闻善摄生⑥者,陆行不遇兕(sì)⑦虎,入军不被⑧甲兵;兕无所投⑨其角,虎无所措⑩其爪,兵无所容其刃。夫何故？以其无死地。

【注释】

①出生入死：一说出世为生，入地为死；一说从出生到死亡的过程。　②生之徒：能保全生命的人。徒：类；属。　③死之徒：夭折的人。　④动：指妄动。　⑤生生：使生命得以保存，指养生之类。　⑥摄生：养生。　⑦兕：犀牛。　⑧被：蒙受；遭受。一说指披或穿在身上。　⑨投：触；撞。　⑩措：放置。

【译文】

人自从生下来，便会面临死亡。其中能保全生命的人，占十分之三；夭折的人，占十分之三；虽然活了下来，但因妄动而死亡的，也占十分之三。这是什么缘故呢？是因为他们过分追求养生。

听说善于养生的人，在陆地上行走不会遇到犀牛和老虎，在战场上不会受到兵器的伤害；因为犀牛不知道把角往哪儿顶，老虎不知道把爪子抓向哪里，兵器找不到可以容纳兵刃的地方。这是什么缘故呢？是因为在他身上没有可以致死的地方。

五十一章

【导读】

本章论述了道、德与万物的关系,主要包含以下两个方面的内容:

一是道生成万物,德养育万物,如果没有道和德,也就没有万物,所以万物都自然而然地推崇道和德。这里的道,指的是宇宙万物的总根源;德,指的是万物从道中获得的本性。

二是虽然道生成万物,德养育万物,但是道和德却并没有因此而居功,更没有因此而去宰制万物,而是一切顺其自然,让万物自己产生、成长。老子称此为"玄德"即幽深玄妙的德。

道生之①,德畜②之,物形③之,势④成之。是以万物莫不尊道而贵德。道之尊,德之贵,夫莫之命⑤而常自然。

故道生之,德畜之,长之育⑥之,亭⑦之毒⑧之,养之覆⑨之。生而不有,为而不恃,长而不宰,是谓玄德⑩。

【注释】

①之:指万物。　②畜:养育。　③形:使具有形状。

④势:指环境。　⑤莫之命:一说指没有谁来命令;一说指道和德不发号施令。　⑥育:生育;繁殖。　⑦亭:这里指结成果实。　⑧毒:这里指成熟。　⑨覆:遮盖;庇护。　⑩玄德:幽深玄妙的德。

【译文】

道生成万物,德养育万物,不同的物性使万物具有各种形状,一定的环境使万物得以成长。所以万物没有不尊崇道而推重德的。道受到尊崇,德受到推重,并没有谁来号令,而永远是自然而然的。

所以道生成万物,德养育万物,使万物生长、繁殖,使万物结果、成熟,使万物得到抚养和保护。生成万物而不据为己有,养育万物而不自恃有功,使万物生长而不去宰制,这叫作幽深玄妙的德。

五十二章

【导读】

本章主要包含以下三层意思：

一是天地万物有一个总根源，这个总根源就是道；有了对道的体悟，就可以获得对天地万物的正确知识。

二是体悟道的方法是"塞其兑，闭其门"，即堵塞嗜欲的孔窍，关闭与外物交流的门径，这实际上就是排除杂念，返观内视，在无思无欲的状态中去体悟神秘的道。

三是指出了得道守道的好处，可以"没身不殆""终身不勤"，即终生不会有危险，也不会感到辛苦。反之，如果沉溺于追求种种欲望的满足，便会"终身不救"。

天下有始①，以为天下母②。既得其母，以知其子③；既知其子，复守其母，没身不殆④。

塞其兑⑤，闭其门⑥，终身不勤⑦。开其兑，济⑧其事，终身不救。

见小曰明，守柔曰强。用其光⑨，复归其明⑩，无遗⑪身殃，是为袭常⑫。

【注释】

①始:开始;开端。　②母:根源。　③子:指万物。
④殆:危险。　⑤兑:口;洞。这里指耳、目、鼻、口等孔窍。
⑥门:门径,具体所指,历来理解不一。一说指精神之门;一说指嗜欲的门径;一说指认识的门径。　⑦勤:劳累;辛苦。
⑧济:成;成功。　⑨光:一说指智慧之光;一说指外界的亮光。　⑩明:一说指内心的神明;一说指明察一切的境界。
⑪遗:留下。　⑫袭常:因顺永恒的道。常:指永恒的道。

【译文】

天下万物有一个开端,可以把它作为天下万物的根源。掌握了天下万物的根源后,就能认识万物;认识了万物以后,又持守万物的根源,终生不会有危险。

堵塞嗜欲的孔窍,关闭与外物交流的门径,一辈子都不会感到辛劳。开启嗜欲的孔窍,去完成种种事情,一辈子都不可救药。

能察见细微的东西叫作"明",能持守柔弱叫作"强"。运用智慧之光,回复到能明察一切的状态,不给自己留下祸殃,这就是因顺永恒的道。

五十三章

【导读】

本章主要对统治者荒淫无道、追求个人享乐的行为作出了猛烈的抨击。

老子指出,这些统治者治国无方,搞得经济凋敝,国库空虚,民众生活痛苦,而他们自己则过着骄奢淫逸的生活,老子痛斥这些统治者为"盗夸"即强盗头子。在老子看来,治理国家并不复杂,只要按大道的要求去做,自然就能国泰民安。然而,"大道甚夷,而民好径",这些统治者偏偏喜欢走歪门邪道。那么这些统治者为什么要这么做呢?这是因为,如果按大道去做,就会要求统治者清心寡欲,无为而治,而这恰恰是那些好大喜功、充满私欲的统治者无法接受的。

使①我介然②有知,行于大道,唯施(yí)③是畏。

大道甚夷④,而民⑤好径⑥。朝⑦甚除⑧,田甚芜,仓甚虚;服文彩⑨,带利剑,厌⑩饮食,财货有余,是谓盗夸⑪。非道也哉!

【注释】

①使:假如。　②介然:一说指微小的样子;一说指确实无疑。　③施:通"迤",指斜行。　④夷:平坦。　⑤民:一说应改为"人",指君主。　⑥径:小路。　⑦朝:朝廷;朝堂。一说指朝政。　⑧除:一说指整洁;一说指颓败。　⑨文彩:指华丽的衣服。彩:彩色的丝绸。　⑩厌:饱。　⑪盗夸:即"盗竽",指盗首。"夸"和"竽"古通用,"竽"为五音之长。

【译文】

假如我稍微有些知识,行走在大道上,就只怕走入邪路。

大道十分平坦,人们却喜欢走小径。朝政十分腐败,田地非常荒芜,仓库也十分空虚;却身穿华丽的衣服,佩带锋利的宝剑,饱食山珍海味,占有大量的财物,这叫作强盗头子。这实在是太无道了!

五十四章

【导读】

　　本章的主旨不易把握,历来解释者们多泛泛地归结为老子强调修德的重要性,均不得要领。关键首先在于"修之于身""修之于家"等的主语是什么。有的学者释为"道",但毕竟属于一种主观猜测;有的学者释为上述"善建者不拔,善抱者不脱"的道理,但"善建者不拔,善抱者不脱"的含义也很模糊。其次便是"以身观身,以家观家"等的确切所指,学者们也是众说纷纭。

　　我认为,此章的关键在于对"善建者不拔,善抱者不脱"的理解。从老子的思想体系来看,应该是善于建树的人不会动摇对道的追求,善于抱持的人会紧抱大道而不脱落。基于这样的理解,则"修之于身""修之于家""修之于邦"等便是以道来修身、治家、治国等,这样本章的意思也就能贯通起来。

　　善建者不拔①,善抱②者不脱③,子孙以祭祀不辍(chuò)④。

　　修之⑤于身,其德乃真;修之于家,其德乃余;修之于乡,其德乃长⑥;修之于邦⑦,其德乃丰;修之于天下,其德乃普⑧。

　　故以身观身⑨,以家观家,以乡观乡,以邦观邦,以天下观天下。吾何以知天下然⑩哉? 以此。

【注释】
①拔:变易;动摇。　②抱:抱持。　③脱:脱落;脱离。　④辍:中止;停止。　⑤之:一说指"道";一说指上述道理。　⑥长:一说指增长;一说指长久。　⑦邦:本章中的"邦",王弼本皆作"国",系避汉高祖刘邦讳而改。傅奕本、《韩非子·解老》等中皆作"邦",据之以改。　⑧普:广大。　⑨以身观身:一说从自身观察他人之身;一说用修身的观点来观察一身;一说从他修身的原则来观察他自身。　⑩然:如此;这样。

【译文】
　　善于建树的人不会动摇,善于抱持的人不会脱落,这样的人,子孙会永远祭祀他。

　　用这样的道理来修身,他的德就能纯真;用来治家,他的德就能充裕;用来治理乡,他的德就能增长;用来治理国家,他的德就能丰盛;用来治理天下,他的德就能广大。

　　所以可以从自身来观察他人之身,从自己的家来观察他人的家,从自己的乡来观察他人的乡,从自己的国家来观察他人的国家,从自己的天下来观察其他的天下。我凭什么知道天下是这样的呢? 就是凭这个方法。

五十五章

【导读】

本章以婴儿的状态来比喻至德之人所达到的境界。

老子指出,婴儿筋骨柔弱,终日号哭而嗓子不会嘶哑,各种毒虫猛兽无法伤害他。而婴儿之所以会有上述特点,一个重要的原因,就是"精之至""和之至",即精气极其充足,和气极其淳厚。

和气即阴阳二气合和平衡的状态,它不急不躁,无过与不及,一切顺乎自然。至德之人正是能使自己保持这种和气的人,所以他们能达到与婴儿一样的状态。据此,老子批评了那些不知和气的人,他们过分追求生活享受,喜欢用欲念支配自己的身体,而这样做的后果,就是给自己带来灾殃,并使自己提前灭亡,即所谓"不道早已"。

含德之厚,比于赤子①。蜂虿(chài)②虺(huǐ)③蛇不螫(zhē)④,猛兽不据⑤,攫(jué)鸟⑥不搏⑦。骨弱筋柔而握固,未知牝牡之合⑧而脧(zuī)⑨作,精之至也。终日号而不嗄(shà)⑩,和⑪之至也。

知和曰常⑫,知常曰明,益生⑬曰祥⑭,心使气⑮曰强⑯。

物壮则老,谓之不道,不道早已。⑰

【注释】

①赤子:初生的婴儿。　②虿:蝎子一类的毒虫。　③虺:一种毒蛇。　④螫:同"蜇(zhē)",指有毒腺的虫子刺人或牲畜。　⑤据:动物用爪抓取。　⑥攫鸟:用脚爪抓物的鸟,如鹰隼(sǔn)。攫:禽兽用爪抓取。　⑦搏:取;捕捉。　⑧牝牡之合:鸟兽交配,这里指男女交合。　⑨朘:男孩的生殖器。王弼本作"全",傅奕本及帛书乙本作"朘",据之以改。　⑩嗄:声音嘶哑。　⑪和:和气,指阴阳二气合和的状态。　⑫常:指永恒的规律。　⑬益生:补益生命,这里指过分追求生活享受。　⑭祥:吉凶的征兆,这里特指凶兆。　⑮心使气:指身体受欲念的支配。　⑯强:逞强。　⑰物壮则老,谓之不道,不道早已:这几句话与三十章结尾的话基本一样。

【译文】

具有深厚的德的人,好比初生的婴儿。蜂、蝎子、毒蛇等不会蜇咬他,猛兽不会用利爪抓他,鹰隼之类的鸟不会攻击他。他筋骨柔弱,拳头却攥得很紧,不知道男女交合之事,小小的生殖器却能勃起,这是精气极其充足的缘故。整天号哭而嗓子不会嘶哑,这是和气极其淳厚的缘故。

认识到淳和之气便知道了永恒不变的规律,认识了永恒不变的规律叫作明察。过分追求生活享受会有灾殃,用欲念支配身体叫逞强。事物发展到壮盛就走向衰老,这是不合乎道的,不合乎道就会早亡。

五十六章

【导读】

　　本章的关键词是"玄同"。"玄同"即玄妙的同一,指人与人、人与物处于不分彼此、浑然一体的状态。老子指出,达到玄同境界的人,"为天下贵",即最受天下人的尊重。

　　那么如何才能达到玄同境界呢?老子指出的方法是"塞其兑,闭其门,挫其锐,解其纷,和其光,同其尘",即停止与外物的接触,清除大脑中的各种思虑,让精神进入混沌无欲的状态。这与庄子提倡的"坐忘"有某种相似之处。

　　本章中"知者不言,言者不知"的说法反映了古人重实践而轻言说的态度。《论语》中也有"君子欲讷(nè)于言而敏于行"、反对"巧言令色"的观点。因为事情是靠做出来的,而不是靠说出来的,说得漂亮不如做得漂亮。"知者不言",这应该作为我们现代人的座右铭。

　　知①者不言,言者不知。
　　塞其兑,闭其门②,挫③其锐④,解⑤其纷⑥,和⑦其光⑧,同⑨其尘⑩,是谓玄同⑪。故不可得而亲,不可得而疏;不可得而利,不可得而害;不可得而贵,不可得而贱。故为天下贵。

【注释】

①知:同"智"。一说指知道。　②塞其兑,闭其门:见五十二章注⑤、⑥。　③挫:损伤;摧折。　④锐:锐气;锋芒。⑤解:消解。　⑥纷:指纠纷、争执。　⑦和:和缓;收敛。⑧光:指智慧之光。　⑨同:混同。　⑩尘:尘世;世俗。⑪玄同:玄妙同一的境界。

【译文】

有智慧的人说话不多,说话多的人不是有智慧的人。

堵塞嗜欲的孔窍,关闭与外物交流的门径,摧折锋芒,消解纷争,收敛光芒,混同于世俗之中,这叫作玄妙同一的境界。因此,对于达到这种境界的人,既不能使他亲近,也不能使他疏远;既不能使他获利,也不能使他受害;既不能使他尊贵,也不能使他低贱。所以受到天下之人的尊重。

五十七章

【导读】

本章对无为而治的思想作出了系统的论述。

首先是说明了为什么要实行无为而治。老子以历史和现实的经验为依据,指出,统治者越有为,制定的法律制度越详细,发明的技能智巧越多,天下就越是混乱,老百姓就越贫穷,盗贼也越来越多。既然如此,为什么还要费心去"有为"呢?

其次是指出了统治者实施无为而治的好处:可以使社会自然安定,民众自然富裕,百姓归于质朴。所以老子说,治国的正道应该是"以无事取天下"。

以正①治国,以奇②用兵,以无事③取④天下。吾何以知其然哉?以此:天下多忌讳⑤,而民弥⑥贫;民多利器⑦,国家滋⑧昏⑨;人多伎巧⑩,奇物⑪滋起;法令滋彰⑫,盗贼多有。

故圣人云:"我无为,而民自化;我好静,而民自正⑬;我无事⑭,而民自富;我无欲,而民自朴。"

【注释】

①正:正道,这里指清静无为之道。　②奇:变幻莫测的策略、计谋。　③无事:无为;无所作为。　④取:治理;管理。　⑤忌讳:禁忌。　⑥弥:更加。　⑦利器:锐利的武器。　⑧滋:更加。　⑨昏:混乱。　⑩伎巧:技能智巧。伎:通"技"。　⑪奇物:怪异的事物。　⑫彰:显著;分明。　⑬正:安定。　⑭无事:不安生事端。

【译文】

用清静无为的正道来治理国家,用变幻莫测的计谋来用兵打仗,用无所作为来管理天下。我依据什么知道这样是对的呢?依据下列这些事实:天下的禁忌越多,老百姓就越贫穷;民众手中锐利的武器越多,国家就越混乱;人们掌握的技能和智巧越多,怪异的事物产生得也越多;法令制订得越详细,盗贼反而更多。

所以圣人说:"我无所作为,民众自然受到教化;我喜欢清静,民众自然会安定;我不妄生事端,民众自然会富裕;我没有欲求,民众自然会质朴。"

五十八章

【导读】

本章主要包含以下两层意思：

一是承接上章，继续说明统治者无为而治的好处："其政闷闷，其民淳淳"，即统治者宽厚无为，可以使民众淳厚质朴。同时也说明了实行无为而治的统治者所应具备的个人修养："方而不割，廉而不刿，直而不肆，光而不耀"，即既要方正、直率、充满光明，同时又要保持某种恰当的度，这样就不会因此而伤害别人，也不会让人感到耀眼刺目。这与儒家提倡的中庸思想颇有些相似。

二是提出了祸与福、正与奇、善与妖既对立又转化的思想。尤其是其中的"祸兮，福之所倚；福兮，祸之所伏"一句，为人们耳熟能详，即使在当代社会，仍有很大的影响力。

其政闷闷①，其民淳淳②；其政察察③，其民缺缺④。

祸兮，福之所倚⑤；福兮，祸之所伏。孰知其极⑥？其无正⑦。正复为奇⑧，善复为妖⑨。人之迷，其日固⑩久。

是以圣人方而不割⑪，廉⑫而不刿（guì）⑬，直而不肆⑭，光而不耀⑮。

【注释】

①闷闷:浑浑噩噩的样子,这里指宽厚。　②淳淳:淳厚质朴。　③察察:苛细的样子。　④缺缺:一说指不满足的样子;一说指狡诈。　⑤倚:依靠;凭依。　⑥极:极限;终点。　⑦无正:不定;没有定准。正:定。　⑧奇:不正;邪。　⑨妖:邪恶;不善。　⑩固:本来。　⑪割:割伤;伤害。　⑫廉:棱角。　⑬刿:刺伤。　⑭肆:放肆。　⑮耀:耀眼,刺目。

【译文】

政令宽厚,民众就会淳厚质朴;政令苛细,民众就会变得狡诈。

灾祸啊,幸福依傍着它;幸福啊,里面潜藏着灾祸。谁知道它们的最终结果?这其实并没有一个定准。正又可变为不正,善又可变为邪恶。人们对这些道理迷惑不解,时间本来就已很久了。

所以圣人方正而不会伤害别人,有棱角而不会刺伤别人,直率而不放肆,充满光明而又不耀眼刺目。

五十九章

【导读】

本章集中论述了"啬"对于治国养生的重要性。

所谓"啬",指爱惜精神。一个人若能爱惜自己的精神,在治国时,便不会挖空心思去想种种办法来对付老百姓,从而很自然地会选择无为而治;一个人若能爱惜自己的精神,便会清心寡欲,不会因为外物的诱惑而去耗费精神。所以在本章中,老子从"啬"出发,经过"早服""重积德""无不克""莫知其极"等一系列的推理,最后得出"深根固柢,长生久视之道"的结论,从而鲜明地确立了"啬"在治国养生中的重要地位。

治人事天①,莫若啬(sè)②。

夫唯啬,是谓早服③;早服,谓之重④积德;重积德,则无不克;无不克,则莫知其极⑤;莫知其极,可以有国;有国之母⑥,可以长久。是谓深根固柢(dǐ)⑦、长生久视⑧之道。

【注释】

①事天:一说指侍奉上天;一说指保养身心(天:指天赋之身)。②啬:爱惜。　③早服:一说指早作准备(服:通"备");一说指趁早服从道。　④重:多。　⑤极:顶点;尽头。⑥母:根本;道。　⑦柢:树根。　⑧久视:久立;久活。

【译文】

治理百姓,保养身心,没有比爱惜精神更重要的。

爱惜精神,这叫作早作准备;早作准备,也就是多多积德;多多积德,就能够无往而不胜;无往而不胜,就没有人知道他的能力的极限;没有人知道他的能力的极限,就可以统治国家;掌握了统治国家的根本之道,就可以长治久安。这叫作根深而牢固、长久生存之道。

六十章

【导读】

本章论述了无为而治的必要性和好处。

首先,老子用"烹小鲜"的例子来说明无为而治的必要性。所谓"烹小鲜",即煎小鱼。根据日常生活的经验,煎小鱼时切忌频繁翻动,因为这会导致小鱼都变为散末。老子以此作喻,指出治理一个大的国家就像煎小鱼一样,如果统治者用政令频繁地扰民,便会使人心散失,整个国家缺乏凝聚力。所以,最好的办法便是实行无为而治。

其次,说明了实行无为而治的好处,可以使"鬼不神""神不伤人",即鬼神不会通过显灵来对民众造成伤害。而且,实行了无为而治,统治者也不会伤人,从而使老百姓享受到实实在在的恩惠。此外,"鬼不神""神不伤人"的说法,也反映了老子的鬼神观,即老子并不否认鬼神的存在。

治大国,若烹小鲜①。

以道莅(lì)②天下,其鬼不神③;非其鬼不神,其神不伤人;非其神不伤人,圣人亦不伤人。夫两不相伤,故德交④归焉。

【注释】

①鲜:鲜鱼;活鱼。　②莅:临;治理。　③神:显示神通;显灵。　④交:一说指皆、都;一说指相互。

【译文】

治理大国,就像煎小鱼时不宜过多地翻动一样。

用道来治理天下,鬼怪就无法显灵;不是鬼怪无法显灵,而是鬼怪显灵时不会伤人;不是鬼怪显灵时不会伤人,圣人也不会伤人。鬼怪显灵和圣人都不伤人,所以恩德都给了百姓。

六十一章

【导读】

本章主要论述了在大国与小国的交往中彼此谦下的重要性。

老子从两个方面来论述谦下在国际关系中的重要性。首先,谦下好比动物中的雌性,她既沉静又处于下方,却能借此制服雄性。其次,大国对小国谦下,小国就会归附大国;小国对大国谦下,小国就会得到大国的信任。这样,小国归附大国,大国信任小国,国际关系不就十分和谐了吗?

在大国与小国彼此谦下的问题上,老子又特别强调大国应该首先谦下,即所谓"大者宜为下"。这主要是因为大国凭借其人口、经济、军事等实力,在国际关系中处于优越地位,只有大国首先谦下,小国才会放心地谦下。

老子的上述思想,对于当今世界各国处理相互间的关系,仍具指导意义。因为当今国际关系的紧张和混乱,恰与某些大国的傲慢直接相关。

大邦①者下流,天下之交,天下之牝②。牝常以静胜牡③,以静为下。

故大邦以下④小邦,则取⑤小邦;小邦以下大邦,则取大邦。故或下以取,或下而取。大邦不过欲兼畜⑥人,小邦不过欲入事⑦人。夫两者各得其所欲,大者宜为下。

【注释】
①邦:此章中的"邦",王弼本均作"国",帛书甲本作"邦",据之以改。　②天下之交,天下之牝:帛书甲本作"天下之牝,天下之交也"。牝:雌性。　③牡:雄性。　④下:谦下。
⑤取:一说通"聚",指会聚;一说指取得。　⑥畜:养。
⑦事:侍奉。

【译文】
　　大国就像江河的下流一样,处于天下交汇的地方,又像天下受雄性追逐的雌性。雌性常常凭借沉静制服雄性,因为她既沉静又处于下方。
　　所以大国以谦下的态度对待小国,就会让小国前来归附;小国以谦下的态度对待大国,就会得到大国的信任。所以,有的因为谦下而让对方来归附,有的因为谦下而得到信任。大国不过是想统领小国,小国不过是想侍奉大国以求得保护。大国和小国各自实现了自己的愿望,大国尤其应该注重谦下。

六十二章

【导读】

本章主要从三个方面论述了道之所以受到天下之人推崇的原因。

一是因为道是万物的主宰,即所谓"道者,万物之奥"。

二是因为道有实实在在的作用,它既是善人的珍宝,又为不善之人提供保护,而且还可以为有罪之人免除罪责。

三是道之所以为不善之人提供保护,是因为道可以通过追求而获得。正所谓道"求以得","尊行可以加人",不善之人通过修道,就可以得到道;既已得道,则其以往的罪责当然可以免除。所以老子说"人之不善,何弃之有",对于不善的人,为什么要抛弃他呢?只要引导他修道行善,问题不就解决了么?

道者,万物之奥①。善人之宝,不善人之所保②。

美言可以市③,尊行可以加人④。人之不善,何弃之有?故立天子,置三公⑤,虽有拱璧⑥以先驷马⑦,不如坐进⑧此道。

古之所以贵此道者何？不曰：求以⑨得，有罪以免邪？故为天下贵。

【注释】

①奥：主；主宰。一说有庇荫的意思。　②保：保护。　③市：一说指购买；一说指求得；一说指交易。　④加人：加到人的身上，即可以培养。一说指见重于人。　⑤三公：指太师、太傅、太保。　⑥拱璧：大的璧玉。　⑦驷马：四匹马拉的车。　⑧进：进献。　⑨求以：王弼本作"以求"，帛书甲、乙本皆作"求以"，据之以改。

【译文】

道，是万物的主宰。它是善人的珍宝，不善的人也依赖它的保护。

美好的言辞可以求得，高尚的行为可以培养。对于不善的人，为什么要抛弃他呢？所以拥立天子，设置三公，即使用前有大的璧玉、后随四匹马拉的车这样隆重的礼仪，也不如安坐着进献此道。

古代重视此道的原因是什么？不正是因为求它就可以得到，有罪也可以免除吗？所以受到天下人的推重。

六十三章

【导读】

本章主要列举了大与小、多与少、怨与德、难与易等四对矛盾,认为大由小而来,难由易而来,从而指出在现实生活中须遵循以下原则:

一是人要做成大事情,必须从做小事情开始,因为"天下大事,必作于细",所以圣人从来不一上来就去做大事情,他只是把小事情一件件地做好,从而最终成就了大事情。

二是不要把事情想得太容易,因为"多易必多难"。一件事情虽然很容易,但是你也一定要认真对待,否则,如果你在心理上轻视它,你便会做不好这件事情。所以老子说,圣人总是把事情看得很困难,所以他最终不会遇到任何困难。

三是要以德报怨。别人伤害了我,我不仅不对他施加报复,反而对他施以恩惠,这样做,当然能使对方感动并感到羞愧,所以常常成为心胸宽广之人的处世之道。然而孔子并不认同这种做法,他说:"何以报德? 以直报怨,以德报德。"(《论语·宪问》)意即你对伤害你的人施以恩德,那么你对对你有恩的人又该怎么办呢? 所以孔子提倡"以直报怨",亦即有怨必报的意思。孔子的观点虽然看上去显得心胸不够宽广,但是对于社会治理来说,却是极其重要的,因为"以德报怨"本身即是丧失原则的;而且,对于损害别人的人若不施以惩罚,就会纵容人们作恶,造成社会秩序混乱。

为无为,事无事,味①无味。

大小多少②,报怨以德③。图难于其易,为大于其细。天下难事,必作④于易;天下大事,必作于细。是以圣人终不为大⑤,故能成其大。

夫轻诺必寡信,多易⑥必多难。是以圣人犹⑦难之,故终无难矣。

【注释】

①味:品味。 ②大小多少:一说指大生于小,多起于少;一说指以小为大,以少为多;一说指把大看作小,把多看作少。 ③报怨以德:一说此处的"报怨以德"系错简,当移至第七十九章开头"和大怨"前。 ④作:兴起。 ⑤不为大:一说指不做大事情;一说指不自以为大。 ⑥易:容易。 ⑦犹:尚且。一说通"猷(yóu)",指谋划。

【译文】

行动上无所作为,做事时不妄生事端,品味那恬淡无味的滋味。

大起于小,多来自少,用恩德去报答怨恨。图谋困难的事情要从容易的地方下手,做大事要从细小的事情开始。因为天下的难事,一定是由容易的事情演变而成;天下的大事,一定是由细小的事情积累而成。因此圣人始终不去做大事情,所以能成就大事情。

轻易承诺的一定缺少诚信,把事情看得太容易一定会遭遇很多困难。因此圣人总是把事情看得很困难,所以最终不会有什么困难。

六十四章

【导读】

本章主要包含以下四层意思:

一是要未雨绸缪(chóumóu),防患于未然。因为任何事物的发生都有其端倪,在危机没有发生前就采取应对措施,危机就容易解除;否则,等到大祸已经酿成,再采取措施,便会付出惨重的代价,所以老子要求:"为之于未有,治之于未乱。"

二是事物都是由小而大发展累积而成的,正如合抱之木,是从小小的树苗长成的;九层高的台子,是一筐筐的土堆积起来的;要行走到千里之外,就要靠一步步去走。所以必须重视点滴的积累,不能急于求成。

三是做事情要"慎终如始",即对待快要结束的事情要像刚开始时一样慎重。人们做事情时往往有这样一个习惯,即刚开始做时常常会认真对待,做的时间久了,尤其到快要做完时,心中便会懈怠下来。然而正是这种懈怠,会造成事情功亏一篑(kuì),所以老子强调:"慎终如始,则无败事。"

四是强调了无为无执的重要性。有许多事情,你刻意去为,往往达不到目的;反之,你无心去做,却能不求而得。所以圣人把自然无为作为自己行事的原则,这样便既不会导致失败,也不会失去自己想要的东西。

其安易持,其未兆①易谋②,其脆易泮(pàn)③,其微易散。为之于未有,治之于未乱。

合抱之木,生于毫末④;九层之台,起于累土⑤;千里之行,始于足下。

为者败之,执者失之。⑥是以圣人无为故无败,无执故无失。

民之从事⑦,常于几⑧成而败之。慎终如始,则无败事。

是以圣人欲不欲⑨,不贵难得之货;学不学⑩,复⑪众人之所过,以辅万物之自然而不敢为。

【注释】

①兆:征兆;迹象。　②谋:谋划。　③泮:融解;分散。　④毫末:比喻极细小的东西。　⑤累土:堆积泥土。一说指一筐土(累读为"蔂〔léi〕","蔂"是一种盛土的工具)。　⑥为者败之,执者失之:这两句也见于二十九章。　⑦从事:做事情。　⑧几:接近。　⑨欲不欲:一说指求人所不欲求的;一说以没有欲望为欲望。　⑩学不学:一说指学习别人所不学的;一说把没有学问当作学问。　⑪复:弥补;补偿。

【译文】

事物安定时容易维持,变化的征兆没有显露时容易设法对付,脆弱的东西容易消解，细微的东西容易分散。要在事情还没有发生之前就采取措施，要在混乱还没有出现时就进行治理。

合抱粗的大树，是从极细小的萌芽成长起来的；九层高的高台，是由泥土一点点堆积起来的；千里远的行程，是从脚下跨出第一步开始的。

有所作为会把事情搞坏，强力把持反而会失去。因此圣人无所作为，所以不会把事情搞坏；不强力把持，所以不会失去。

老百姓做事情，常常功败垂成。如果对待快要结束的事情能像刚开始时一样慎重，事情就不会失败。

所以圣人追求别人不追求的东西，不以难得的财货为贵重；学习别人不学习的东西，弥补众人所犯的过失，以辅助万物的自然变化而不敢妄为。

六十五章

【导读】

本章论述了统治者用质朴之道来治理国家的重要性。

老子认为,一个国家治理得好还是坏,往往与统治者的居心有关。若统治者居心良善,以真诚之心对待百姓,便会得到百姓的真心拥护,举国上下便会同心同德;反之,统治者如果以智巧欺诈对付百姓,那么就会上有政策,下有对策,老百姓会想出种种办法来与统治者周旋,这样一来,国家当然是无法安定的。所以老子说:"以智治国,国之贼;不以智治国,国之福。"

也正是基于上述认识,老子认为统治者在治国时应该让老百姓变"愚":"非以明民,将以愚之。"老子的这一说法遭到不少人的猛烈批判,认为老子采取愚民政策,站在民众的对立面。这其实是一种误解。首先,老子这里的"愚",不是愚蠢的意思,而是质朴迟钝的意思,而质朴迟钝正是老子提倡的正面的价值观。其次,老子之所以要让老百姓变"愚",是因为若让老百姓变得聪明巧妙,老百姓便不会安于本分,便会想方设法钻法律政令的空子,这样的百姓便会变得极为难治。

古之善为道者,非以明①民,将以愚②之。

民之难治,以其智多。故以智治国,国之贼③;不以智治国,国之福。

知此两者亦稽式④。常知稽式,是谓玄德⑤。玄德深矣,远矣,与物反⑥矣,然后乃至大顺。

【注释】

①明:使变得聪明巧妙。　②愚:使变得质朴迟钝。
③贼:害;祸害。　④稽式:法则。　⑤玄德:玄妙的德行。　⑥反:一说同"返",指返回;一说指相反。

【译文】

古代善于循道行事的人,不是让老百姓变得聪明巧妙,而是让他们变得质朴迟钝。

老百姓之所以难以治理,是因为他们有太多的智巧。所以凭借智巧来治理国家,是国家的祸害;不凭借智巧来治理国家,是国家的福祉。

认识到治国时用智巧和不用智巧两者的差别也是一个法则。经常认识到这个法则,就叫作玄妙的德行。玄妙的德行很幽深,很辽远,它与万物一起回归到质朴的本原,然后一切都变得极其和顺。

六十六章

【导读】

　　历来的观点都认为,本章主要谈的是统治者如何统治民众的问题:不要以威势凌人,不要作威作福,不要与民相争。这种理解当然没有错,只是过于停留在表面,需要进一步深入揭示。

　　其实,老子在此谈论的问题,说得时髦一些,就是统治者如何取得统治合法性的问题。老子以江海作比喻,江海因为处在百川的下面,所以它理所当然能容纳百川,成为百川之王。同理,统治者也只有处在人民的下面,一切为了人民的利益,最大限度地为人民承担痛苦与耻辱,他才能理所当然地成为统治者——"天下莫能与之争"。否则,当了统治者,想的只是如何享受特权,如何与民争利,如何在百姓面前耀武扬威,那就恰如把江海悬在百川的上面,最终会成为一片死寂的沙漠。

　　老子的这个观点无疑是对历史经验的深刻总结:夏时太康因耽于游乐而失国,夏桀、商纣因为暴虐而败亡,商汤、文武因为积德而奄有天下,这些都为老子提供了丰富的历史素材。

江海所以能为百谷王^①者,以其善下之^②,故能为百谷王。

是以圣人^③欲上民^④,必以言下^⑤之;欲先民^⑥,必以身后之。是以圣人处上而民不重^⑦,处前而民不害。是以天下乐推而不厌。以其不争,故天下莫能与之争。

【注释】

①百谷王:百川之王,即百川归流的地方。谷:川。　②下之:指处于百川之下。　③圣人:王弼本无此两字,据帛书甲、乙本补。　④上民:处于民众的上面,即统治民众。　⑤下:指谦下。　⑥先民:处于民众之先,即引领民众。　⑦重:这里指感到沉重。

【译文】

江海之所以能成为百川归流的地方,是因为它善于处在百川之下,所以能成为百川汇流之所。

所以圣人想要统治民众,一定要用语言向他们表示谦下;想要引领民众前进,一定要置身于他们的后面。所以圣人处于民众之上而民众不感到沉重,位于民众之前而民众不感到有妨害。所以天下之人乐于推举他而不会感到厌烦。因为他不去争,所以天下没有谁能与他相争。

六十七章

【导读】

本章主要包含以下两层意思：

一是论述了道具有"大"的特性，而且大到不像任何具体的东西。这是因为道超越万物，所以不可能像某种具体的东西。有学者认为，"天下皆谓我……久矣其细也夫"系竹简错乱，应置于三十四章"故能成其大"之后，可作参考。

二是论述了"三宝"的重要性。"三宝"指慈爱、节俭、不居于天下人之先这三件宝贝。老子说，持守了这三件宝贝，你就能勇敢、广大，并成为万物之长。其中尤其是慈爱这件宝贝，它让你战而能胜，守而能固。相反，如果你舍弃了这三件宝贝，而又想有所作为，你就会必死无疑。慈爱、节俭、不争，这三者当然都是美德，老子在这里特别加以强调，是因为它们与道的特性相通。

天下皆谓我：道大，似不肖①。夫唯大，故似不肖。若肖，久矣其细也夫。

我有三宝，持而保之。一曰慈，二曰俭，三曰不敢为天下先。

慈故能勇；俭故能广；不敢为天下先，故能成器长②。今舍慈且③勇，舍俭且广，舍后且先，死矣！

夫慈，以战则胜，以守则固。天将救之，以慈卫之。

【注释】

①肖：像；相似。　②器长：万物之长。　③且：而。一说指取；一说指又；一说指将要。

【译文】

天下的人都对我说：道广大无边，似乎不像任何具体的东西。正因为道广大无边，所以不像任何具体的东西。如果像具体的东西，它早就变得十分细小了。

我有三件宝贝，一直持守并保有它们。第一件叫慈爱，第二件叫节俭，第三件叫不敢居于天下人的前面。

慈爱，所以能勇敢；节俭，所以能广大；不敢居于天下人的前面，所以能成为万物之长。

现在舍弃慈爱而想要勇敢，舍弃节俭而想要广大，舍弃居后而想要争先，这样做必死无疑！

慈爱，用它来作战一定能取胜，用它来防守一定能坚固。天将要救助谁，就用慈爱来护卫他。

六十八章

【导读】

本章论述了一个好的军事将领需具备的素质:不显示武力,不轻易发怒,不与敌人正面交锋,善于用人。这无疑是对以往战争经验的深刻总结,且与《孙子兵法》中的相关论述若合符节。如《孙子兵法》中说:"不战而屈人之兵,善之善者也"(《谋攻篇》),"兵之形,避实而击虚"(《虚实篇》),"主不可以怒而兴师,将不可以愠(yùn)而致战"(《火攻篇》),等等。

考察中国历史上那些杰出的军事家,如孙膑(bìn)、韩信、岳飞等,他们之所以能在战场上成为"常胜将军",与他们拥有老子所说的上述素质有极为密切的关系。

善为士①者,不武②;善战者,不怒;善胜敌者,不与③;善用人者,为之下。是谓不争之德,是谓用人之力,是谓配天④,古之极⑤。

【注释】

①士:这里指军队的统帅。一说指士卒;一说指武士。

②不武:不显示武力。　③与:对斗;相斗。　④配天:与天同德。　⑤极:最高的准则。

【译文】

善于当军队统帅的人,不显示武力;善于打仗的人,不轻易发怒;善于战胜敌人的人,不与敌人正面交锋;善于用人的人,对人谦下。这叫作不与人相争的品德,叫作善于运用他人的能力,叫作与天同德,是古代最高的准则。

六十九章

【导读】

本章主要讲述老子的用兵之道。

老子反对战争,但是当战争不可避免时,老子也不主张束手就擒,而是要积极应对。但是积极应对不等于主动进攻,而是以守和避为主,反映了老子以柔克刚的思想在军事上的运用。

首先,在战场上不要主动进攻,而要采取守势。个中原因,"抗兵相若,哀者胜矣"一句可谓说得十分透彻。这是因为,一支军队,若在对方军队的不断挑衅、进攻面前,一直隐忍、退让,而对方军队仍不依不饶,非要置你于死地,在这种情况下,这支军队便会爆发出巨大的战斗力,最终一举摧毁敌人。成语"哀兵必胜",便是根据老子的这一思想总结出来的。

其次,兵不厌诈。一支有实力的军队,不能轻易把实力暴露给敌人,而要在敌人面前示弱,所谓"攘无臂""执无兵",说的就是这个意思。敌人发现你力弱可欺,便会轻易发动进攻,这样的敌人当然必败无疑,所以老子说"祸莫大于轻敌"。类似的思想在《孙子兵法》中也有明确表述:"兵者,诡道也。故能而示之不能,用而示之不用……"(《计篇》)可谓英雄所见略同。

用兵有言:"吾不敢为主①,而为客②;不敢进寸,而退尺。"是谓行(háng)③无行,攘(rǎng)④无臂,扔⑤无敌,执无兵⑥。

祸莫大于轻敌,轻敌几丧吾宝⑦。

故抗兵⑧相若⑨,哀⑩者胜矣。

【注释】

①主:指战争中进攻的一方。　②客:指战争中防守的一方。③行:军阵;阵势。　④攘:捋(luō)起;撩起。　⑤扔:硬拽。一说指就、因。　⑥兵:兵器。　⑦宝:指身体、性命。一说指六十七章中的"慈""俭""不敢为天下先"三宝。⑧抗兵:对抗的军队。　⑨相若:相当。王弼本作"相加",帛书甲、乙本作"相若",据之以改。　⑩哀:悲痛;悲愤。

【译文】

懂得用兵的人说过:"我不敢主动进攻,而宁愿采取守势;不敢前进一寸,而宁愿后退一尺。"这叫作摆下军阵,却像没有军阵一样;捋袖露臂,却像没有手臂一样;与敌人搏斗,却像没有敌人一样;手执兵器,却像没有兵器一样。

祸患没有比轻视敌人更大的了,轻视敌人几乎使我丧失了性命。

所以当交战双方力量相当时,悲愤的一方肯定能获胜。

七十章

【导读】

老子从一个独特的角度发现了治国养生、为人处世的一个根本的,也是极其有效的原则,这就是效法道的特性,处柔守雌,与世无争,最后达到无为而无不为。在老子看来,这个原则其实是极为简单易行的,然而世上之人却既不懂得这个原则,也不愿意按这个原则去做。

在本章中,值得我们注意的主要有两点:一是老子所说的这个原则是否真的简单易行?二是当老子发现世上很少有人按他提倡的原则去做的时候,他是一种什么样的心态?

关于第一点,学者们多认同老子的说法,认为老子提倡的原则确实是简单易行的,我则认为不然。因为老子的原则要求人们与世无争、无为而治,恰恰与众人争强好胜、追求功名的性格相悖。事实上,只有历经沧桑、碰尽钉子的人,才能最终认识到老子思想的价值,而对于普通人而言,则只能如老子在第四十一章中所说的:"下士闻道,大笑之。"

关于第二点,有人认为这段话是老子在乱世中流露出的寂寞、无奈和感叹,有人说是老子本人由怀才不遇、曲高和寡而滋生的思想苦闷情绪的真切流露与强烈宣泄。我认为,这种说法有人为降低老子的精神境界之嫌。老子究竟有多高的精神境界,我们难以作出明确的界定,但他绝对不会因为无人遵循他提倡的原则而感到寂寞和无奈,更不会因为怀才不遇而感到苦闷。且不说这样做有违老子自己提倡的与世无争的宗旨,即使从《史记·老子韩非列传》中的记述来看,司马迁明确称老子"以自隐无名为学",连孔子也对他发出"其犹龙邪"的赞叹,这样的人,怎么能像一个普通人一样苦闷、彷徨呢?果真如此,《老子》一书不就成了欺世盗名之作?

另外,世上也并不是真的无人理解老子,当时的函谷关关令尹喜就是一个充分认识到老子思想价值的人。据《史记·老子韩非列传》记载,老子曾任周朝的太史令,后来看到周朝衰落,便辞掉了工作,向西而行,到了函谷关。关令尹喜对他说:"您就要去隐居了,麻烦您把您的思想写下来吧。"老子应尹喜的要求,便写下了这部五千字的《道德经》。可以想见,若是没有尹喜向老子约稿,人类的思想宝库中就会缺失这一部极其宝贵的经典;而尹喜之所以要向老子约稿,无疑也是看中了老子所写书稿的价值;至于老子为什么会答应尹喜的请求,当然不是为了赚什么稿费,而是老子期望在漫漫的历史长河中,能够遇上真正能理解自己思想的有缘之人。

吾言甚易知,甚易行。天下莫能知,莫能行。
言有宗①,事有君②。夫唯无知,是以不我知。
知我者希,则③我者贵。是以圣人被(pī)褐怀玉④。

【注释】
①宗:宗旨;主旨。　②君:主;主导。　③则:效法。

④被褐怀玉：身上披着粗布衣服，怀中揣着宝玉。比喻怀抱美才而深藏不露。褐：粗布衣服。

【译文】

我说的话很容易理解，也很容易实行。天下却没有人能够理解，也没有人能够实行。

言论有其宗旨，事情有其主导。正因为人们不理解这个道理，所以不了解我。

了解我的人十分稀少，效法我的人非常可贵。所以圣人就像身穿粗布衣服而怀揣美玉一样深藏不露。

七十一章

【导读】

本章犹如绕口令,但目的只有一个,就是告诫人们不要以不知为知。

以不知为知,即自己并不知道某事,却想当然地以为已经知道了。例如老子的道高深莫测,没有切身践行的功夫,是无法把握其实质的,然而那些"下士"却"大笑之"(见四十一章)。这些"下士"之所以大笑,就是自以为知道道是怎么回事,而且他们认为道又是如何的荒唐,所以对之不屑一顾。这当然是一种严重的弊病。只有认识到这是一种弊病,才不会有弊病,但是这些"下士"又怎么会认识到这是一种弊病呢?

以不知为知,关键在于那些人其实并不知,却自以为已经知道,而且他们对此并没有意识到。这确实是一个很难解决的问题,没有虚心的态度,没有对真理不断求索的精神,一个人就会沉湎于自己的错误认知之中。所以老子说"知不知,上",即一个人应该知道自己会有所不知,这样,他在面对新事物的时候,才会以虚心的态度对待,而不会把自己的主观成见强加给新事物。

知不知①,上②;不知知,病③。夫唯病病④,是以不病。圣人不病,以其病病,是以不病。

【注释】

①知不知:知道自己会有所不知。一说指知道了仍像不知道一样。　②上:最好。一说指高尚。傅奕本及帛书甲、乙本作"尚矣"。　③病:缺点;弊病。　④病病:把弊病看作弊病。

【译文】

知道自己会有所不知,这是最好的;不知道却自以为知道,这就是弊病。只有认识到这种弊病确实是一种弊病,才不会有弊病。圣人没有这种弊病,是因为他认识到这种弊病确实是一种弊病,所以才没有这种弊病。

七十二章

【导读】

本章提醒统治者不要压迫民众,否则会招致民众的强烈反抗,造成统治者垮台。

当天下太平时,统治者高高在上,老百姓安分守己。这样时间一长,统治者便会自以为高贵,瞧不起民众,从而为所欲为,为了满足自己的私欲,对老百姓残酷压迫,生杀予夺。

然而,任何事情都是有限度的,等到老百姓被统治者逼得走投无路、生不如死时,老百姓便会揭竿而起,武装反抗统治者。到了这个时候,统治者的末日也就来临了。所以老子一针见血地指出:"民不畏威,则大威至。"

圣人正是从历史的教训中认识到了民众的力量,从而克制自己的欲望,做到不自我张扬,不自以为高贵,尊重民众的意愿,所以能得到民众的拥护。

民不畏威①,则大威②至。
无狎③其所居,无厌④其所生。夫唯不厌,是以不厌⑤。

是以圣人自知不自见(xiàn)⑥,自爱不自贵。故去彼取此。

【注释】
①威:威压。一说通"畏",指畏惧。 ②威:通"畏",指畏惧。 ③狎:通"狭",指狭窄。 ④厌:通"压",指压榨、压制。 ⑤厌:厌恶。 ⑥见:同"现",指显现。

【译文】
民众不再害怕统治者的威压,那么最令人害怕的事情就会发生。

不要逼得民众无法安居,不要压制民众的生活。只有不压制民众,民众才不会厌恶统治者。

因此圣人了解自己而不自我彰显,珍爱自己而不自以为高贵。所以抛弃后者而选择前者。

七十三章

【导读】

本章主要包含以下两层意思:

一是提倡不逞强、不争斗。因为"勇于敢则杀",逞强就会死;"天之道,不争而善胜",即不争斗而善于取胜才符合天道。这无疑是老子清静无为、守柔处雌思想的具体化。

二是一定要遵循大自然的规律,如果违背了大自然的规律,必然会受到惩罚,即所谓"天网恢恢,疏而不失"。

勇于敢①则杀,勇于不敢则活。此两者,或利或害。天之所恶(wù)②,孰知其故?是以圣人犹难之③。

天之道,不争而善胜,不言而善应,不召而自来,绰(chǎn)④然而善谋。

天网⑤恢恢⑥,疏而不失⑦。

【注释】

①敢:一说指坚强;一说指进取;一说指逞强好胜。　②恶:

讨厌;憎恨。　③是以圣人犹难之:帛书乙本、景龙本、敦煌本等均无此句,有学者认为,此系六十三章错简重出,当删。　④繟:舒缓;宽缓。　⑤天网:大自然的罗网。　⑥恢恢:宽广。　⑦失:漏失。

【译文】

勇于逞强就会死,勇于退让才能活。这两种勇,一种有利,一种有害。天厌恶什么,谁知道其中的缘故?所以圣人对此也感到很困难。

自然的规律,是不争斗而善于取胜,不说话而善于回应,不召唤而自动到来,从容舒缓而善于谋划。

大自然的罗网极其宽广,网眼虽然稀疏,但什么都不会漏失。

七十四章

【导读】

本章指出,统治者治国的正确方法,不是让老百姓不怕死,而是让老百姓怕死。

因为老百姓之所以会不怕死,肯定是在统治者的残酷压迫下已经没有了活路,在这种情况下摆在老百姓面前的只有两条路:一条是等死,一条就是通过反抗而求生,而且在通常情况下老百姓肯定会选择后者。面对此情此景,统治者继续用死亡来吓唬老百姓,不也太可笑了吗!更何况老百姓的生死寿命由天掌管,统治者任意杀戮民众,就好比是代天行事,然而天并没有赋予统治者杀戮民众的权力,所以统治者的这种行为最终只会伤害自己。

相反,如果让老百姓怕死,那么统治者的日子就好过了。因为老百姓之所以会怕死,肯定是对生充满留恋;之所以对生充满留恋,肯定是生活得安定快乐。所以老子指出,老百姓生活得安定快乐,就不会去铤而走险,在这种情况下,再把个别恶人抓起来杀掉,天下自然就太平了。

民不畏死,奈何以死惧之? 若使民常畏死,而为奇①者,吾得执而杀之,孰敢?

常有司杀者②杀。夫代司杀者杀,是谓代大匠③斫（zhuó）④。夫代大匠斫者,希⑤有不伤其手矣。

【注释】

①奇:不正,指邪恶。　②司杀者:掌管杀人的人。司:掌管。　③大匠:技艺高超的木工。　④斫:砍;削。　⑤希:同"稀",少。

【译文】

老百姓不怕死,为什么要用死来吓唬他们? 如果让老百姓常常怕死,而对于那些作恶的人,我能把他们抓起来杀掉,还有谁敢作恶?

通常由掌管杀人的人去杀人。如果代替掌管杀人的人去杀人,这就如同代替技艺高超的木工去砍削木头。代替技艺高超的木工去砍削木头的人,很少有不弄伤自己的手的。

七十五章

【导读】

　　本章指出,国家治理的好坏,取决于统治者的用心和治国政策。如果统治者横征暴敛,好大喜功,贪生怕死,必然会造成民众饥饿、国家混乱、老百姓冒死犯上的局面。所以老子说:"夫唯无以生为者,是贤于贵生。"即只有不追求生活享受的人,才比看重奢华生活的人要高明。然而,要让统治者不去追求生活享受,这实在是太难了。

　　民之饥,以其上食税之多,是以饥。
　　民之难治,以其上之有为①,是以难治。
　　民之轻死②,以其上求生之厚③,是以轻死。
　　夫唯无以生为④者,是贤⑤于贵生⑥。

【注释】

①有为:指做劳民伤财的事。　②轻死:指不怕死。
③求生之厚:指过分看重生命。　④无以生为:一说不以生

存为目的,指不过于追求生存;一说不以追求生活享受为目的。　　⑤贤:胜过。　　⑥贵生:一说指重视生命;一说指奉养奢厚。

【译文】

老百姓之所以受饥挨饿,是因为他们的统治者吃掉的赋税太多,所以才遭受饥饿。

老百姓之所以难以治理,是因为他们的统治者喜欢做劳民伤财的事,所以才难以治理。

老百姓之所以不怕死,是因为他们的统治者过分看重自己的生命,所以才不怕死。

只有不追求生活享受的人,才比看重奢华生活的人要高明。

七十六章

【导读】

本章以柔弱与坚强对举,说明了柔弱比坚强好的道理。

为什么柔弱比坚强好?首先是因为柔弱与生命、活属于同类,坚强则与死亡属于同类。如人和草木活着时都是柔韧的,死了以后便变得僵硬枯槁。其次是坚强的东西容易遭受攻击和失败,如军队逞强便会被对手击败,树木过于高大就会被风雨摧折。这样,老子就用身边活生生的事例论述了柔弱比坚强好的道理,得出了"强大处下,柔弱处上"的结论。

人之生也柔弱,其死也坚强①;草木②之生也柔脆,其死也枯槁。故坚强者死之徒③,柔弱者生之徒。

是以兵强则不胜,木强则折④。强大处下,柔弱处上。

【注释】

①坚强:指僵硬。　②草木:王弼本在"草木"前有"万物"二字,当为衍文,应删。　③徒:同类;一类。一说通"途",

指道路。　　④木强则折：王弼本作"木强则兵",《列子》中作"木强则折",据之以改。

【译文】

人活着时身体柔软,死后身体僵硬;草木活着时枝叶柔脆,死后枝叶干枯。所以坚硬的东西与死亡属于同类,柔弱的东西与生存属于同类。

所以军队逞强就会招致失败,树木过于高大就会被摧折。强大的东西总是处于下面,柔弱的东西则总是居于上面。

七十七章

【导读】

本章指出了"天之道"与"人之道"的不同,认为"天之道"是减少有余的去弥补不足的,就像拉弓射箭一样,不断调整力量和姿势,以期最终能射中目标。"人之道"则不同,它是减少不足的去供奉有余的,如统治者向穷苦不堪的百姓横征暴敛;那些有钱有势的人为富不仁,不择手段地聚敛财富,造成贫富分化严重,"朱门酒肉臭,路有冻死骨",等等。

这种"损不足以奉有余"的"人之道"必然会使社会矛盾激化,最终造成统治者的灭亡。但是统治者往往不见棺材不落泪,他们宁愿坐等灭亡之日来临,也不愿仿效"天之道"去"损有余而补不足"。所以老子说:"孰能有余以奉天下?唯有道者。"即唯有有道之人才能做到"损有余而补不足"。因为有道之人的行为与普通人不同,他们不居功,不显能,唯天道是循。

天之道,其犹张弓①与?高者抑②之,下者举之;有余者损之,不足者补之。

天之道,损有余而补不足。人之道③则不然,损不足以奉有余。

孰能有余以奉天下？唯有道者。

是以圣人为而不恃，功成而不处④，其不欲见(xiàn)⑤贤。

【注释】

①张弓：拉弓射箭。一说指上弓弦。　②抑：压。　③人之道：指社会的规则。　④不处：指不居功。　⑤见：同"现"，指显现。

【译文】

自然的规律，不正像拉弓射箭吗？高了就往下压，低了就往上抬；力量大了就减小些，力量不够就加大些。

自然的规律，是减少有余的，去弥补不足的。社会的规则却不是这样，它是减少不足的，去供奉有余的。

谁能把多余的东西拿出来奉献给天下呢？只有有道的人。

所以圣人有所作为而不以此为依凭，功业成就而不以功自居，他不想向人显示自己的贤能。

七十八章

【导读】

本章以水为喻,来说明柔弱胜刚强的道理和处下不争的好处。

水无形无体,柔弱无比,然而水滴可以穿石,洪水可以冲毁道路房屋,这不是典型的柔弱胜刚强吗?

道理虽然简单,然而天下之人却不愿意去遵行,即不愿意像水一样甘居柔弱。为什么呢?因为柔弱胜刚强,是就最终的结果而言的,在柔弱战胜刚强之前,柔弱的东西往往会被人轻视,故人们宁愿自居强大、刚健而不愿意居于柔弱。所以老子说:"天下莫不知,莫能行。"这说明世俗之人往往有其浅薄的一面。

水除了能战胜刚强,还有处下不争的特点。如第八章中说:"上善若水。水善利万物而不争,处众人之所恶(wù),故几于道。"水因为处下不争、善利万物,而被老子认为接近于道。因此,人间的统治者,也只有像水一样,处于众人之下,勇于承担国家的耻辱和灾祸,才能成为真正合格的统治者,即所谓"受国之垢,是谓社稷主;受国不祥,是为天下王"。

天下莫柔弱于水,而攻坚强者莫之能胜,以其无以易①之。

弱之胜强,柔之胜刚,天下莫不知,莫能行。

是以圣人云:"受国之垢②,是谓社稷③主;受国不祥④,是为天下王。"正言⑤若反。

【注释】

①易:换;替代。一说指改变。　②垢:污垢,代指耻辱。　③社稷:指国家。　④不祥:指灾祸。　⑤正言:正面的话。

【译文】

天下没有比水更柔弱的,但用来攻击坚强的东西,没有能胜过水的,这是因为没有什么东西能替代它。

弱胜于强,柔胜于刚,对此天下没有人不知道的,却没有人能去实行。

所以圣人说:"能承受国家的耻辱,才称得上一国的君主;能承担国家的灾祸,才是天下的君王。"正面的话却像反话一样。

七十九章

【导读】

本章主要论述统治者宽待民众、与民众建立和睦关系的重要性。

老子指出,调和巨大的怨恨时,必会留有后遗症,所以称不上是妥善。那么怎么才能算得上妥善呢?那就是彼此本来就没有怨恨。那么怎么做到彼此没有怨恨呢?这就需要统治者宽大为怀,厚待民众。如实施富民政策,不向老百姓横征暴敛,等等。"圣人执左契,而不责于人"一句,指圣人手中持有借据,却不向借债的人催债,这其实是老子举例说明如何才能不与民众结怨。别人向你借了钱,并立了借据,到时候你凭借据向别人要求还钱,这当然是天经地义的事。但是,当别人确实面临困难而无法还钱时,你仍不依不饶,催逼不已,别人便自然会生出怨气,严重时甚至还会对你产生仇恨情绪。所以此时你最好的做法,就是体谅别人,给别人以宽松的期限,甚至根本不向别人提借钱之事。而当你这样做时,你就是一个善人,就会得到上天的帮助,因为"天道无亲,常与善人"。对于统治者也是如此,实行无为而治,待民宽厚,便会得到民众的拥护,得到上天的眷顾,其统治才能长久。

和①大怨,必有余怨,安②可以为③善?

是以圣人执左契④,而不责⑤于人。有德司⑥契,无德司彻⑦。

天道无亲⑧,常与⑨善人。

【注释】

①和:调和;使和解。　②安:怎么。　③为:一说指是;一说指做;一说通"谓",指叫作、称作。　④左契:古代契约分为左右两部分,左契即契约的左边部分,由债主收执;右契由负债人收执。债主要求还债时,须以左契与右契相合为凭。　⑤责:指讨债。　⑥司:主管;掌管。　⑦彻:指周代的一种田税制度。　⑧无亲:没有偏爱。　⑨与:支持;帮助。

【译文】

调和巨大的怨恨,必然会遗留一些没有调和的怨恨,这怎么能说是妥善呢?

所以圣人手中持有借据,却并不向借债的人催债。有德的人掌管契约,无德的人掌管税收。

自然的规律是没有偏私,它永远帮助善良的人。

八十章

【导读】

本章集中反映了老子心目中理想社会的特点,它包括两个方面:一是国家不大,人口密度很小,人民丰衣足食,悠闲自在地生活;二是拒斥文字、器械等一切发明创造和文明成果。老子描绘的这一理想社会,引起后人极为有趣的反应:对其中的第一个方面毫无例外地表示赞同——谁不向往悠闲自在而又丰衣足食的生活?对第二个方面则几乎毫无例外地表示反对——怎么能否定人类的文化创造和文明进步呢?最后的结论是:对老子描绘的这一理想社会,我们既不能一味肯定,也不能全盘否定。这一结论,既反映了后人的天真,也会让老子笑掉大牙。事实上,对于老子的这一理想社会,似乎除了全盘接受,就是全盘否定,并没有中间道路可走。

纵观人类文明的发展史,人类历史上几乎每一个重大进步,都要付出血的代价,所以马克思主义经典作家才会转述黑格尔的话说,恶是历史发展的动力借以表现出来的形式。人类文明要快速发展、进步,就会有竞争、有争斗,而置身于一个充满竞争的社会,对于社会大众来说,是无法过既悠闲自在而又丰衣足食的生活的。当然我们可以寄希望于遥远的共产主义社会,但那是那个时候的人的生活,作为生活在当下社会中的人来说,是没有这种福分的。

我们也可以从晋人陶渊明的《桃花源记》中看出某种"玄机"。陶渊明笔下的桃花源,与老子的理想社会存在惊人的相似,或者可以说就是根据老子的理想社会描摹出来的:"土地平旷,屋舍俨然,有良田、美池、桑竹之属。阡陌交通,鸡犬相闻……黄发垂髫(tiáo),并怡然自乐。"而该文的关键则在最后:当桃花源中的居民与外来的武陵渔人交谈,了解了外面世界的情形后,他们并不想去欣赏外面世界的"精彩",而是叮嘱这位不速之客:"不足为外人道也",即千万不要把他们那里的情形告诉外面的人。因为他们清楚地知道,如果他们的生活环境和生活状况被外人得知,那么一切美好就会终结,他们又会像其祖先一样,置身于一个充满竞争、杀戮的世界。

小国寡民①。使有什伯之器②而不用,使民重死而不远徙。虽有舟舆(yú)③,无所乘之;虽有甲兵④,无所陈之。使民⑤复结绳⑥而用之。

甘其食,美其服,安其居,乐其俗。邻国相望,鸡犬之声相闻,民至老死,不相往来。

【注释】

①小国寡民:使国家小,使人民少。一说指国家小,人民少。
②什伯之器:能提高十倍、百倍效率的器械(什:十倍;伯:同"佰",指百倍)。一说指各种各样的器具;一说指兵器。
③舆:车。　④甲兵:武器装备。甲:铠甲。兵:兵器。
⑤民:王弼本作"人",帛书乙本、傅奕本、景龙本等都作"民",

据之以改。　　⑥结绳:在绳子上打结以记事。

【译文】

国家要小些,国中的人民要少些。即使有能提高十倍、百倍效率的器械也不使用,使人民重视死亡而不向远方迁徙。虽然有船和车辆,却用不着去乘坐;虽然有武器装备,却用不着陈列。使人民恢复在绳子上打结以记事的做法。

让人民觉得自己的饮食甜美,觉得自己的服饰美丽,觉得自己的居所安适,觉得自己的风俗令人快乐。相邻的国家能互相看见对方的情形,鸡狗的叫唤声彼此可以听见,人民从出生到老死,互相之间都不往来。

八十一章

【导读】

本段主要包含以下两层意思:

一是提出了信与美、善与辩、知与博三对矛盾,认为真实的话往往不漂亮,漂亮的话往往不真实;善良的人不会诡辩,喜欢诡辩的人不善良;有真知灼见的人往往知识不广博,知识广博的人往往缺乏真知灼见。这些无疑是对人类经验的深刻总结,对于人们透过现象掌握本质有很好的指导意义。

二是提倡只付出而不与人争的处世之道。老子指出,自然的规律,是让万物获益而不让其受害;圣人遵循自然的规律,从而尽力帮助别人,把自己的东西全部给了别人;圣人这样做不仅没有使自己变得贫乏,而是使自己变得更加富有、更加充足。毫无疑问,这里所说圣人的富有、充足除了物质上的(因为不排除其中有付出越多而回报越多的思想成分),更重要的是精神上的,那种因为无私奉献而带来的心灵上的富有、充足才是真正的富有和充足。

信[①]言不美,美言不信。
善者不辩,辩者不善。

知者②不博,博者不知。

圣人不积,既③以为人己愈有,既以与人己愈多。

天之道,利而不害;圣人之道,为④而不争。

【注释】

①信:真实。　②知者:指有真知灼见的人。　③既:尽。
④为:做;从事。这里指为别人付出。

【译文】

真实的话不漂亮,漂亮的话不真实。

善良的人不诡辩,诡辩的人不善良。

有真知灼见的人不广博,广博的人缺乏真知灼见。

圣人不积蓄,他尽力帮助别人,自己反而更富有;全部给了别人,自己反而更充足。

自然的规律,是让万物获益而不受害;圣人的处世原则,是只付出而不与人争。

图书在版编目（CIP）数据

老子 / 冯国超译注 . -- 北京：华夏出版社有限公司，2021.1
（华夏国学经典全本全注全译丛书）
ISBN 978-7-5222-0024-8

Ⅰ . ①老… Ⅱ . ①冯… Ⅲ ①道家 ②《道德经》－译文 ③《道德经》－注释 Ⅳ . ① B223.1
中国版本图书馆 CIP 数据核字（2020）第 211087 号

老 子

译 注 者	冯国超
责任编辑	张　平

出版发行	华夏出版社有限公司
经　　销	新华书店
印　　刷	三河市少明印务有限公司
装　　订	三河市少明印务有限公司
版　　次	2021 年 1 月北京第 1 版 2021 年 1 月北京第 1 次印刷
开　　本	880mm×1230mm　1/32
印　　张	6
字　　数	145 千字
定　　价	20.00 元

华夏出版社有限公司　　地址：北京市东直门外香河园北里 4 号　　邮编：100028
网址：www.HXPH.com.cn　　电话：（010）64618981
若发现本版图书有印装质量问题，请与我社营销中心联系调换。